鳳凰历史文化名城文化旅游发展研究

江　波◎著

旅游教育出版社
·北 京·

策划编辑：陈　园
责任编辑：张　娟

图书在版编目(CIP)数据

凤凰历史文化名城文化旅游发展研究　/　江波著．--北京：旅游教育出版社，2013.6

ISBN 978-7-5637-2675-2

Ⅰ．①凤… Ⅱ．①江… Ⅲ．①旅游文化—研究—凤凰县 Ⅳ．①F592.764.4

中国版本图书馆CIP数据核字(2013)第132463号

凤凰历史文化名城文化旅游发展研究

江　波著

出版单位	旅游教育出版社
地　　址	北京市朝阳区定福庄南里1号
邮　　编	100024
发行电话	(010)65778403 65728372 65767462(传真)
本社网址	www.tepcb.com
E-mail	tepfx@163.com
印刷单位	北京中科印刷有限公司
经销单位	新华书店
开　　本	710mm×1000mm 1/16
印　　张	14
字　　数	188千字
版　　次	2013年6月第1版
印　　次	2013年6月第1次印刷
定　　价	42.00元

(图书如有装订差错请与发行部联系)

前言

素有“中国最美的小城”之誉和“画乡”之称的凤凰，是个集少数民族民俗文化、军事历史文化和名人文化为一体的旅游资源大县，具有发展文化旅游得天独厚的条件。文化旅游是凤凰的主导产业和支柱产业，当前，在国家、省、州旅游发展意见的指导下，凤凰面临着加快文化旅游转型升级和深化文化旅游再发展的机遇和挑战，确定了把文化旅游发展成为县支柱产业和让人民群众更加满意的现代服务业的目标。

本书以国家历史文化名城凤凰为例，以历史文化名城文化旅游的开发与发展理论为基础，对凤凰历史文化名城文化旅游发展现状、存在的问题及前景、文化旅游资源的评价、文化旅游客源市场的开发、文化旅游发展理念等进行了全面的分析和研究，重点从文化旅游开发思路、文化旅游开发策划和旅游可持续发展与环境保护等方面提出了凤凰文化旅游开发规划的具体措施，以期对凤凰文化旅游的再发展和“旅游带动战略”的成功实施提供有益的参考。

本书在编写过程中得到了凤凰旅游局、凤凰统计局和凤凰文化局等部门的大力支持，正是他们提供的数据和资料才使本书得以完成。此外，还要感谢旅游教育出版社的无私帮助，在此一并表示衷心感谢！

作者简介

江波，湖南广播电视大学（湖南网络工程职业学院）副教授，2010年湖南省省级教学名师。主讲旅游概论、模拟导游（国家级精品课程）等课程。近5年发表学术论文20余篇，出版作品4部。

社会兼职：

中国旅游协会教育分会理事、湖南省旅游教育研究会副会长、湖南省职成学会旅游分会副会长，湖南省旅游局特聘培训讲师。湖南商旅旅行社培训部经理；国家级精品课程评审专家（2009—2011）、全国导游人员资格考试改革委员会委员、全国导游人员资格考试教材编写委员会委员。

科研课题（近五年）：

（1）主持863项目“汉语普通话发音水平自动测试研究”（湖南地区普通话发音水平测试于2009年12月已结题）；

（2）主持湖南省教育厅教改课题“项目驱动教学法在模拟导游课程中的应用研究”，2011年已结题；

（3）主持湖南省科技厅课题“湖南区域经济特色与职业教育发展策略选择”，2012年已结题；

（4）主持教育部重点课题“高等职业教育部分专业领域两年制教学内容与教材建设的研究与实践”的子课题“旅游管理专业个案研究”，2012年已结题；

（5）主持湖南省教育科学“十二五”规划课题“湖南省产业结构调整与职业教育发展方式转变实证研究——以生活性服务业为例”，2012年8月立项；

（6）主持湖南省科技厅软科学课题“知识管理在湖南古村落旅游开发和管理中的应用研究”，2012年6月立项。

目 录
contents

综述

凤凰历史文化名城文化旅游发展研究

一、凤凰历史文化名城文化旅游发展研究背景及意义

（一）研究背景

2009年国务院出台的《关于加快发展旅游业的意见》的第十一条中提到："丰富旅游文化内涵。把提升文化内涵贯穿到吃、住、行、游、购、娱各环节和旅游业发展的全过程。旅游开发建设要加强自然与文化遗产保护，深挖文化内涵，普及科学知识。旅游商品开发要提高文化创意水平，旅游餐饮要突出地方文化特色，旅游经营服务要体现人文关怀。各地要发挥文化资源优势，推出具有地方特色和民族文化特色的演艺、节庆等文化旅游产品。充分利用博物馆、纪念馆、体育馆等设施，开展多种形式的文体旅游活动。集中所有力量塑造中国国家旅游整体形象，提升文化软实力。"该《意见》的主要目标是努力把我国旅游业培育成为国民经济战略性支柱产业和人民群众更加满意的现代服务业。

凤凰县从1999年开始确定发展文化旅游，经过十余年的发展，文化旅游已成为凤凰县最大的致富产业，也带动了其他相关产业的发展。随着世界旅游潮流的发展，凤凰文化旅游成为该县最为重要的发展战略。发展文化旅游也是凤凰县积极响应和执行国务院《关于加快发展旅游业的意见》的第十一条的明智之举。2010年4月，省、州领导对凤凰旅游进行考察，强调要把凤凰旅游作为湖南省旅游开发的重点，高标准规划，把凤凰打造成世界旅游精品。为落实省、州领导对凤凰文化旅游发展的指示精神，凤凰面临着加快文化旅游转型升级，对接世界旅游新潮流的重任。

本文以国家历史文化名城凤凰为例，以历史文化名城文化旅游的开发与发展理论为基础，对凤凰历史文化名城文化旅游发展现状、存在的问题及前景、资源评价、开发的客源市场条件、发展理念等进行了全面分析和研究，重点从文化旅游发展战略、文化旅游开发原则、文化旅游产品策划、旅游功能分区、市场开发和营销策略、旅游商品开发和可持续发展与环境保护规划等方面提出了凤凰文化旅游开发规划的思路，以期对凤凰文化旅游的再发展和"旅游带动战略"的成功实施提供有益的借鉴。

（二）研究意义

历史文化名城是我国悠久历史和灿烂文化的主要承载者，较完整地保留和传承了某一时代或几个时期的历史风貌与民族地方特色，具有发展旅游业的良好条件。从国内外旅游者的旅游需求变化趋势来看，人们的旅游动机和旅游目的越来越从纯自然的旅游活动向更富有知识性与探索性的文化旅游转变，人们对那些具有深厚历史文化内涵的旅游活动有着非常浓厚的兴趣。历史文化名城高瞻远瞩，迎合这一趋势，大力发展旅游业，成为旅游者络绎不绝的旅游目的地，推动了旅游经济的飞速发展。

文化旅游是凤凰的主导产业和支柱产业，并且在国家、省、州旅游发展意见中面临着加快文化旅游转型升级和深化文化旅游再发展的机遇和挑战，这确定了文化旅游发展要成为县支柱产业和让人民群众更加满意的现代服务业的目标。

凤凰处在“大湘西”旅游圈的中部，北有山水旅游资源天下一绝的世界自然遗产——张家界，南有以侗文化和和平文化为特色的怀化旅游区。凤凰作为国务院命名的国家历史文化名城，主要名在它的军事历史文化、民族民俗文化和名人文化三者的完美组合，所以凤凰应利用“大湘西”旅游圈的旅游叠加效应，避开旅游形象的屏蔽作用，发展有特色、有潜力、有吸引力的旅游业，重点是围绕文化旅游做文章。旅游是文化的载体，文化是旅游的灵魂，旅游的本质就是文化。因此，研究凤凰文化旅游的发展，找到其历史文化、民族民俗文化、名人文化与旅游的完美结合点，突出“文化旅游带动战略”的凤凰经济发展战略具有特别重要的意义。

二、国内外对历史文化名城保护的历程

（一）国外对历史文化名城保护的历程

1933 年，国际现代建筑协会在雅典召开会议，通过了《雅典宪章》，这

是有关历史文物保护的第一个国际性文件。以此为标志，文物建筑保护的理念取得了国际上的认同，并通过宪章的形式，指导着各国的历史文化的保护实践。特别是宪章中关于“有历史价值的建筑和地区”的论述，已把对个体建筑物的保护，扩展为对其周围环境的保护，明确指出“在所有可能条件下，所有干路都应尽量避免穿行古建筑区”。这时整体保护的思想开始萌芽，初次提出对单体保护建筑所在的区域的保护，为对名城的整体保护思想的正式提出奠定了基础。

1964 年 5 月，联合国教科文组织在威尼斯召开了第二届历史古迹建筑师及技师国际会议，会议通过了《国际古迹保护与修复宪章》(简称《威尼斯宪章》)。这个宪章被认为具有里程碑的意义，因为它不仅第一次将文物建筑保护的基本概念、理论和原则以国际性准则的形式确定下来；而且明确提出历史建筑保护“不仅包括单个建筑物，而且包括能够从中找出一种独特的文明，一种有意义的发展或一个历史事件见证的城市或乡村环境”。文件指出“保护一座文物建筑，意味着要适当的保护一个环境”，必须把历史文物建筑所在的地段当作专门注意的对象，要保护其整体性。这种保护思想从单体建筑的保护扩展到了对古建筑所在区域与所存在的环境的保护，是对历史文化遗产保护思想上的一大飞跃，同时更加深刻地提出了保护古建筑所存在的环境的深刻意义。

1976 年 11 月，由联合国教科文组织在内罗毕召开大会通过《关于历史地区的保护及其当代作用的建议》(简称《内罗毕建议》)。这一文件指出“历史地区是各地人类日常环境的组成部分，它们代表着形成其过去的生动见证，提供了与社会多样化相对应所需的生活背景的多样化，……历史文化、宗教及社会活动的多样化和财富提供了最确切的见证，保护历史地区并使它们与现代社会生活相结合是城市规划和开发的基本。”1987 年 10 月，国际古建筑理事会在美国首都华盛顿通过了《保护历史城镇与城区宪章》(简称《华盛顿宪章》)。该文件对《内罗毕建议》进行了概括和提炼，它明确指出：“本宪章涉及历史城区，不论大小，其中包括城市、城镇以及历史中心或居住区，也包括其自然的和人造环境。除了它们的历史文献作用之外，这些地区体现着传统的城市文化价值。”

这些国际性文件的产生，反映了人类关于历史文化保护理念的不断深入，其中最显著的变化，即是将文物建筑的保护范围不断扩大，从对单体建筑的保护到对其所存在的周围环境的保护，从而更加突出历史文化保护的内涵。例如，最初的保护内容是“有历史价值的建筑和地区”（《雅典宪章》），进而扩展到“能够从中找出一种独特文明”的“城市或乡村环境”（《威尼斯宪章》），再具体为历史街区、历史城镇、老村落（《内罗毕建议》）。最后又概括为“包括城市、城镇以及历史中心或居住区，也包括其自然的和人造环境”（《华盛顿宪章》）。这些国际性文件所反映出的保护范围的扩大，绝不仅仅是显示在量上的扩大，更是对古城所保存的文化的深层内涵的挖掘，是对历史文化保护区所承载的历史文化提出的保护。

欧洲是世界工业革命和资本主义发展最早的地方，工业革命和城市化对该地区各国历史文化名城的破坏也暴露得最早。除了联合国相关组织所公布的各种保护历史文化名城的文件之外，各国根据自身的古城特征也颁布了相关的法令法规并采取了许多有效的措施。

1. 法国

1840 年在梅里美的倡议下成立了历史建筑管理局。

1913 年颁布了保护历史性建筑的法令。法令规定不论公产或私产，一旦被历史建筑管理局认定为历史性建筑就不得再拆毁，对它的维修将由政府资助其一部分或全部。

1943 年立法规定在历史性建筑周围 500 米内改变环境面貌要得到专门批准。

1962 年制定了保护历史性街区的法令。

2. 英国

1877 年威廉·莫理斯创建了“古建筑保护协会”。

1882 年颁布古迹保护法，保护 21 项古迹，主要是遗址。

1900 年颁布第二个古迹保护法，保护的内容扩大到宅邸、庄园、农舍、桥梁等与历史事件有关或有历史意义的建筑物。

1944 年颁布《城乡规划法》，制订了受保护的古迹名单，当时确定了 20 万公顷。

1953 年颁布《古建筑及古迹法》，确定对古建筑及古迹资金补助。

1967 年颁布《城市文明法》，确定保护历史街区。当时确定的保护区有

3200 处。

1969 年把巴斯、彻斯特、奇彻斯特和约克定为国家重点保护的历史性城市。

1974 年修正《城市文明法》，将保护区纳入城市规划的控制之下。

3. 日本

1897 年制定《古社寺保存法》。

1919 年制定《史迹、名胜、天然纪念物保存法》。

1929 年制定《国宝保存法》。

1952 年综合以上三个法令为《文化财保存法》。

1966 年制定《古都保存法》，保护京都、奈良、镰仓等古都的历史风貌。

1975 年修订《文化财保存法》，增加了保护“传统建筑群”的内容。

除了通过政府的立法措施外，欧美的其他国家对历史文化名城采取了以下几种保护与开发的方式：

古城再现型：恢复古代城镇的面貌，再现昔日的风采。这种做法在美国较为典型，如美国的威廉斯堡至今仍保持着 11 世纪美国独立前的城市布局和建筑形式，城郊仍保留着当时的风车、磨坊、庄园等以供参观，使游客能亲身感受那个时代的历史气息。

古城展示型：这种做法在意大利较为普遍，以威尼斯为例，虽然它在市内仍保持历史遗留物的原貌，供游客参观，但同时也会保证现有居民的使用。

对历史文化名城的保护是为了能够对历史文化进行传承，对历史文化的传承又需要对其载体历史名城进行开发。欧美各国对历史名城的开发与保护都非常重视，或以立法的形式，或以政府监督的形式来保护，以保证历史文化遗产在得到足够保护的前提下开发利用。

（二）国内对历史文化名城保护的历程

中国真正现代意义的文物保护的思想来源于 20 世纪初。1930 年，国民政府颁布了《古物保存法》17 条。20 世纪 30 年代，一个民间学术团体“中国营造学社”系统地用现代方法研究中国古代建筑，开创了文物保护的先河。1945 年，建筑学家梁思成向当时的政府首次提出了《古建筑保护名录》。

1948 年，在中国人民解放军南下解放全国的前夕，解放军总部特别邀请梁思成先生主持并编写了《全国建筑文物简目》，一共 450 条，并附有《古建筑保护须知》，于 1949 年 6 月印发全军，要求全体将士在战争中注意保护建筑文物。这个《简目》成为了以后公布的第一批全国重点文物保护单位的依据和基础。

1950 年 3 月，新中国成立不到半年，全国上下正处于百废待兴的阶段，中央人民政府即刻颁布了保护文物古迹的政令。

1961 年，国务院公布了第一批全国重点文物保护单位，接着在 1982 年、1988 年相继公布了第二批和第三批。三批共计 500 处。此外，还有 6000 多处省级重点文物保护单位和数以万计的市县级重点文物保护单位。

1982 年，国务院颁布了《文物保护法》。

1982 年、1986 年和 1994 年国务院又分三批共公布了 99 座国家历史文化名城。并在 1986 年公布第二批共 38 个国家历史文化名城的同时，规定有较高价值的历史地段可以作为地方各级的“历史文化保护区”。

我国的历史文化遗产保护经历了文物、历史文化名城、历史文化保护区等不断扩展与深化的过程，已经形成较为完善的保护体系。在历史文化遗产保护方面所建立的法律制度也在逐步完善之中。在现有的历史文化遗产保护的法律体系中主要包括两部分：一部分是全国性的法律与法规，另一部分是地方性的法律与法规。这些保护法从根本宪法、专门的保护法、文物保护法到相关法律如城市规划法、环境保护等到地方法律文件的颁布实施，标志着我国以文物为中心的保护制度趋于成熟。

21 世纪，国务院又先后于 2001 年 8 月、2001 年 12 月、2004 年 10 月、2005 年 5 月各增补国家历史文化名城一个，2007 年 3 ～ 5 月增补 5 个，现共有 108 座国家级历史文化名城。

由此我们可以看到，我国保护优秀历史文化遗产的工作已经形成了一个完整的体系，一共分为三个层次：保存文物古迹，保护有典型历史风貌和民族、地方特色的地段及保护历史文化名城。建立这样一个从各级文物保护单位、历史文化保护区到历史文化名城的从点到面的完整的保护体系，既有助于我国为数众多的各种形态的优秀历史文化遗产及养育它的历史环境得到很好的保护，又能够减少其与城市发展的矛盾，真正做到并行不悖、相得益彰。

三、历史文化名城旅游开发与保护研究综述

我国关于历史文化名城保护的学术成果非常丰富，涌现了许多专家及引起学术界广泛关注的科研成果。我国较早的关于历史文化名城研究的著作是阮仪三的《中国历史文化名城保护规划》，1995 年由上海同济大学出版社出版；1999 年上海同济大学出版社接着出版了阮仪三、王景慧、王林的《历史文化名城保护理论与规划》，该书在对世界历史文化遗产保护历程进行了回顾之后，结合我国历史文化名城的现状，提出了名城保护的内容、方法与规划框架，比较了中外名城的保护制度，同时举出了众多国内名城保护规划的例子，诸如把北京、西安、苏州等历史文化名城作为案例在该文中进行了实证分析；王景慧（1994）介绍了我国保护历史文化遗产事业的发展过程和历史文化名城保护概念的形成始末，对历史文化名城概念进行了中外比较，对城市规划在历史文化名城保护工作中的作用进行阐述。王富德（2003）对中国的历史文化名城进行分类，并指出其特点和旅游价值，最后对国家历史文化名城与旅游的可持续发展提出了自己的见解。严国泰把理论与实践相结合，对历史文化城镇旅游规划作了较详细的论述。郑向敏等人在《文物古迹的保护与旅游开发》一书中分析了历史文化名城的旅游开发现状与有利因素，并提出了可行性开发策略。这些都是关于历史文化名城的专著研究，有关历史文化名城旅游开发的论述则更多，具有代表性的主要有：杨文棋对历史文化名城在我国旅游业发展中的地位作了论述分析；李继峰对历史文化名城旅游开发中的不和谐因子作了分析并提出解决对策；魏峰群对历史文化名城旅游开发体系及模式进行了探讨。

个案研究方面主要有：黄耀丽、李凡以佛山旧城改造为例对历史文化名城整体视觉形象以及空间结构进行研究；赵晋认为北京采取的城市二元化的做法既必要又可行；姜鸥、刘轶梅以哈尔滨为例，对认识和弘扬历史文化名城的特色提出了自己的看法；赵夏、张艳红结合历史文化名城与旅游开发“共生”的理念，针对洛阳的现状，提出了发展洛阳旅游业的一些建议。周新生在其硕士毕业论文《云南历史文化名城文化旅游发展研究——以建水为

例》（2000）中在充分分析了建水县的区域背景、文化旅游资源概况及客源市场条件的基础上，作出了文化旅游产品开发的项目选择、创意策划及线路设计，是一个实证性的应用研究。文伟在其硕士毕业论文《历史文化名城长沙保护与旅游开发研究》（2005）中全面分析了历史文化名城长沙的旅游资源特色，提出了历史文化名城长沙的整体形象塑造及旅游市场、旅游产品和旅游商品开发的对策与建议，最后指出协调和处理好保护与旅游开发的关系对长沙的发展具有非常重要的现实意义。齐兰兰在其硕士毕业论文《东北地区历史文化名城文化旅游发展研究》（2006）中以东北四座历史文化名城为研究背景，以集安市为例，分析了集安市旅游资源特色，提出发展文化旅游的战略对策。宋云飞在其硕士毕业论文《历史文化名城开封旅游可持续发展研究》（2006）中以旅游可持续发展理论为指导，探讨了如何进一步挖掘名城开封的文化内涵，以实现开封资源、经济、社会、文化、环境的协调发展。文绍琼在其硕士毕业论文《大理历史文化名城旅游发展优化研究》（2006）中运用“旅游商业化”理论，得出大理古城已经商业化的结论，并提出政府的调控对以旅游作为重要功能的历史文化名城很有必要。梁军在其硕士毕业论文《历史文化名城武威文化旅游资源开发研究》（2007）中探讨了历史文化名城武威文化旅游资源的开发，充分分析其旅游资源特色，并提出发展文化旅游的战略对策；冯珊在其硕士毕业论文《中韩历史文化名城旅游资源保护与开发比较研究》（2009）中通过对庆州与成都历史文化名城的文化旅游资源特色、保护现状和开发模式的对比分析，提出两地在文化旅游资源保护与开发上有许多可以相互借鉴的地方。

第一章
凤凰历史文化名城与文化旅游

第一节 历史文化名城概述

一、历史文化名城的界定

“历史文化名城”是我国特有的一种提法。国际上指代同类城市的名词繁多，一般叫“古城”（Old City）、“历史城市”（Historical City）、文化遗产等。我们国家“历史文化名城”这一概念是在国家基本建设委员会、国家文物事业管理局、国家城市建设总局向国务院提交的《关于保护我国历史文化名城的请示》中提出的。

历史文化名城是一个特定的概念，是经过一定的程序，由国务院核准并公布的。1982 年颁布的《中华人民共和国文物保护法》第二章第八条中规定：“保存文物特别丰富、具有重大历史价值和革命意义的城市，由国家文化行政管理部门会同城乡建设环境保护部门报国务院核定公布为历史文化名城。”据此，历史文化名城的定义为“保存文物特别丰富、具有重大历史价值和革命意义的城市”，其选定主要依据城市的历史文化、科学研究、保存状况和今后发展等方面的价值来进行，经主管部门和各有关方面的专家学者、社会人士研究、实地考察之后由国务院核准并公布。2002 年 10 月 28 日，第九届全国人民代表大会常务委员会第十三次会议通过了修订后的《中华人民共和国文物保护法》，其中第二章第十四条规定“保存文物特别丰富并且具有重大历史价值或者革命纪念意义的城市，由国务院核定公布为历史文化名城”，对历史文化名城的概念再次进行了法律意义上的表述。继 1982 年公布第一批国家历史文化名城之后，国务院于 1986 年 12 月、1994 年 1 月分别公布了第二批名单 38 个、第三批名单 37 个，使我国历史文化名城的数量达到 99 个。21 世纪又先后于 2001 年 8 月、2001 年 12 月、2004 年 10 月、2005 年 5 月各增补一个，2007 年 3 ～ 5 月增补 5 个，现共有 108 个国家级历史文化名城。它们的名单及地理分布见表 1-1：

表 1-1　国家历史文化名城名单

省、自治区、直辖市	第一批 1982 年 2 月公布	第二批 1986 年 12 月公布	第三批 1994 年 1 月公布	增补	小计
北京	北京				1
天津		天津			1
河北	承德	保定	正定、邯郸	山海关（2001.08）	5
山西	大同	平遥	祁县、代县、新绛		5
内蒙古		呼和浩特			1
辽宁		沈阳			1
吉林			吉林、集安		2
黑龙江			哈尔滨		1
上海		上海			1
山东	曲阜	济南	青岛、邹城、聊城、临淄	泰安（2007.03）	7
江苏	南京、苏州、扬州	镇江、常熟、淮安、徐州			7
浙江	杭州、绍兴	宁波	衢州、临海	金华（2007.03）	6
安徽		亳州、歙县、寿县		安庆（2005.05） 绩溪（2007.03）	5
江西	景德镇	南昌	赣州		3
福建	泉州	福州、漳州	长汀		4
河南	洛阳、开封	安阳、南阳、商丘	郑州、浚县	濮阳（2004.10）	8
湖北	江陵	武汉、襄樊	钟祥、随州		5
湖南	长沙		岳阳	凤凰（2001.12）	3
广东	广州	潮州	肇庆、佛山、梅州、雷州		6
广西	桂林		柳州		2
海南			琼山（2007.03 变更为海口）		1
重庆		重庆			1
四川	成都	阆中、自贡、宜宾	乐山、都江堰、泸州		7
贵州	遵义	镇远			2
云南	昆明、大理	丽江	建水、巍山		5
西藏	拉萨	日喀则	江孜		3
陕西	西安、延安	榆林、韩城	咸阳、汉中		6

续表

省、自治区、直辖市	第一批1982年2月公布	第二批1986年12月公布	第三批1994年1月公布	增补	小计
甘 肃		武威、张掖、敦煌	天水		4
宁 夏		银川			1
青 海			同仁		1
新 疆		喀什		吐鲁番（2007.4） 特克斯（2007.5）	3
合 计	24	38	37	9	108

二、历史文化名城的特性

（一）历史性

中国的历史文化名城，从近代到明清一直可追溯到春秋战国时期，这些名城的地面与地下，保存了大量的历史文物，体现了中华民族的悠久历史。我国的北京、西安、洛阳、开封等，大多有千年以上的历史。作为历史文化名城，少的也有百年以上历史。

（二）文化性

人类社会的发展过程中，经济与文化是互相依存、互为条件、共同前进的。城市集中了大量财富和社会的先进生产力，也集中了大批文化水平较高的居民。他们在城市里既传播文化，也创造文化。这样一来，城市不但文化繁荣，而且也是文化传播和交流的中心。经过千百年的继承、传播、创新、交流，城市的文化积淀越来越丰厚。这个城市的文化也就逐渐成为一个地区、一个民族以至一个国家的文明程度的标志。中国的名城都具有文化职能。名城既是区域政治、经济、交通中心，也是文化中心，古城中的官衙、宗教寺庙、孔庙学宫等是城市中最突出的建筑，保留至今的已成为重要的文化遗产，也是今天主要的文化名胜古迹。

（三）环境性

古人选址建城，一般是将城市建在风光秀丽、山水环抱的地方，名城也一般是建造在江河山川优美的环境之中。中国建筑追求人与自然的和谐相处，名胜古迹、特色的乡土建筑与大好河山融为一体而形成了中华民族特殊的“天人合一”的历史文化环境。如杭州西湖三面环山，一面临城，城与西湖之间的尺度连接非常和谐。

三、历史文化名城的类型

参照阮仪三先生对历史文化名城的分类，本文认为我国108座国家级历史文化名城大致可以分为7种类型。当然，由于这些古城都经历了千百年的沧桑变化，且决定城市特点的因素又十分复杂，所以，也不排除有一些名城兼有几个类型的特点。

（一）古都型

这种类型的历史文化名城曾长期作为封建王朝的都城，是以都城时代的历史遗存物、古都的风貌或风景名胜为特点的城市，其代表城市主要有：北京、西安、洛阳、开封、南京、杭州、安阳等。

如号称十三朝古都的西安自西周始为都，隋、唐形成面积为84平方千米的巨大城市规模，明代的城墙还保存至今，井然有序的街道和城楼、古建筑形成了壮丽的城市景观，在世人眼中成了了解中国文化的窗口。

（二）传统建筑风貌型

这类城市完整地保留了某时期或几个时期积淀下来的完整建筑群体，如山西平遥古城被世界遗产委员会评价为是中国境内保存最为完整的一座古代县城，迄今为止，它还较为完好地保留着明、清（公元1368—1911年）时期县城的基本风貌。其次阆中、韩城、榆林、镇远等也是这一类型历史文化名城的主要代表。

（三）风景名胜游览城市

自然环境对一个城市的特色起了决定性的作用。这些城市由于有优美的自然景色，自古便是游览胜地，城内不但有丰富的文物古迹，而且留下许多的历史传说与名人轶事，建筑与山水环境的叠加显示出了城市的鲜明个性，形成自然景观与人文景观的美妙结合。

如自唐代便有西湖旅游胜地的杭州，南宋建都后更以风景秀丽而闻名遐迩，如今杭州的每个景点几乎都有着一段动人的历史佳话。

苏州建城已有2500多年，城址至今从未改变。城内有宋、元、明、清历代的私家园林，是我国古典园林当之无愧的精华荟萃之地。还有桂林、承德、绍兴、邹城、乐山、天水等都是风景名胜游览城市的代表。

（四）特殊职能城市

这些城市的某种职能在历史上有特殊的或极其突出的地位，并在某种程度上成为了这些城市的名片特征，如在唐代即是全国四大商港之一的泉州，现仍存有宋代载重200吨的海船，还有伊斯兰教、基督教、印度教、摩尼教等多种宗教的历史遗迹，反映了我国在历史上很早就与海外有着密切的政治、经济、文化交往。而它的海防城堡也反映了中国人民英勇反对外来侵略的革命传统。

景德镇自唐代开始就以生产瓷器闻名，现存很多古瓷窑的遗址，甚至还有至今仍能凭借传统方式生产的古窑。因此其保存的文物古迹能构成一个完整的瓷业发展史。四川自贡所保存的古盐井和其他一些文物生动地反映了我国盐业生产的悠久历史和发展的进程。此外，还有沟通海外交通的宁波、药都亳州、边防城市张掖等特殊职能城市。

（五）近代史迹型

这些城市的显著特色在于保存着反映历史的某一时期或某个阶段的建筑物或建筑群。如中国近代许多革命事件的发生地，其文物建筑记载着中国人民的英勇革命斗争历程。

如上海是中国共产党的诞生地，其仍保存有中共“一大”会址及许多近代革命纪念建筑物。另外上海还拥有全国最多的西洋风格的建筑和街区，“外滩”的独特风貌已成为上海市的标志和象征。这类历史文化名城的典型代表还有遵义、延安、重庆、天津、武汉、南昌、青岛和哈尔滨等。

（六）有浓郁地方特色及民族文化型

不同民族有自己独特的个性，而且“十里不同风，百里不同俗”，同一民族由于地域差异和历史变迁也显示出不同的地方特色，以这些构成城市风貌主体的城市，我们把它归结为地方特色及民族文化型。这些城市同样有着悠久的历史，但大多由于地理位置偏远，经济发展起步比较晚，所以保留了完整的传统城市格局和风貌，甚至一些街区至今还保留着传统的社区生活。如四川阆中有大量源于汉代的名胜古迹，更有大片保存完好的古代民居。新疆喀什是汉代时中国通往西域的基地，也是唐代丝绸之路的要冲，现在这里保存有汉代古城遗址和许多维吾尔族的文物建筑，全城充满着浓郁的民族特色。

位于湖南省西部湘西土家族苗族自治州的凤凰，是一个集历史文化、民族文化和名人文化为一体的特色城市。凤凰古城风貌完整，文物建筑众多，古城内外至今保留着不少古遗址、古城址、古代建筑、官邸、民居、学府、纪念地等。如中国南方长城、黄丝桥古城、文庙、熊希龄故居、沈从文故居、朝阳宫、万名塔、虹桥风雨楼等。凤凰是苗族和土家族的聚居地，楚巫文化特色明显，神秘的民族特色和地方特色是其吸引力所在。另像拉萨、泉州、大理、丽江、江孜等城市也富有浓郁的地方特色和民族特色。

（七）一般史迹类

这类城市的特色在于以分散在全城各处的文物古迹作为历史体现的主要方式，如长沙、襄樊、济南、正定等。

这种分类结果不可避免地使有些城市兼具几种类型的特点，因此要尽可能做到科学，我们在划分时只能按其主次来确定。具体的分类情况见表1–2：

表1–2 中国历史文化名城类型表

城市类型	主要城市	次要城市
古都类	北京、西安、洛阳、开封、南京、杭州、安阳	咸阳、邯郸、福州、重庆、大同、濮阳
传统建筑风貌类	平遥、韩城、榆林、镇远、阆中、荆州、商丘、祁县、特克斯	大理、丽江、苏州、金华
风景名胜类	承德、杭州、桂林、扬州、苏州、绍兴、常德、昆明、镇江、敦煌、曲阜、都江堰、乐山、天水、邹城	西安、北京、大理、杭州、南京、青岛、泰安
特殊职能类	泉州、景德镇（瓷都）、宁波（海外交通）、自贡（井盐）、亳州（药都）、张掖（边防）、广州、大同、武威、寿县（水防）	榆林、阆中（边防）、佛山（冶炼和陶瓷）
近代史迹类	遵义、上海、延安、重庆、天津、南昌、长沙、武汉、哈尔滨、青岛	广州、安庆
民族及地方特色类	拉萨、大理、丽江、日喀则、喀什、江孜、建水、银川、呼和浩特、巍山、潮州、福州、同仁、凤凰、吐鲁番	
一般古迹类	徐州、济南、长沙、成都、吉林、沈阳、郑州、淮安、保定、襄樊、宜宾、正定、肇庆、漳州、临淄、邯郸、衢州、赣州、聊城、泸州、南阳、咸阳、钟祥、岳阳、雷州、新绛、代县、汉中、佛山、临海、浚县、随州、柳州、琼山①、集安、梅州、山海关、绩溪	

① 2007年3月13日，国务院批复同意将海口市列为国家历史文化名城，原历史文化名城琼山变更为海口。

四、历史文化名城的特色要素

每一个城市都在历史中形成，凝聚着不同时代的历史文化，集中反映了历代劳动人民的智慧与创造力。历史文化名城作为城市首先具有城市的一般属性，同时又具有更强烈的特色。在漫长的历史长河中，由于各名城的民族习俗不同，文化环境有别，再加以历史的积淀，遂形成了城市的鲜明特色和风貌，这也是名城的“名”之所在。

结合历史文化名城的特点，本文提出一般性标准化名城的特色因素分级系统（见图 1-1），将名城重要的特色因素纳入分级系统，该系统强调了历史文化名城的独有特色。

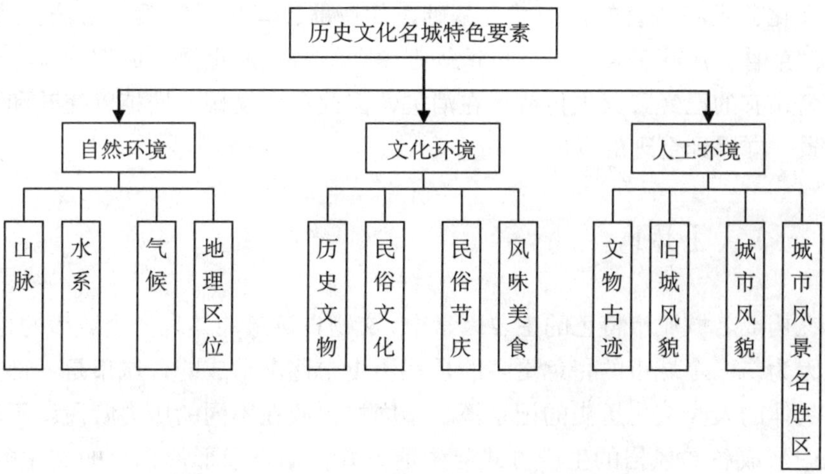

图 1-1 历史文化名城特色因素系统结构图

（一）自然环境

它主要表现在名城的山、水、风景的特色风貌上。我国名城分布广泛，自然风光各具特色，四季气候各不相同，山峦与湖泊、河流、海洋等水系交错掩映，形成名城独具特色的自然环境。如绍兴是南方水乡城市特色，承德则是以具有北国江南风光的大型皇家园林与自然环境密切结合的外八庙和承德十景为主要特征。因此，由于山水的景色不同、气质各异而形成不同特色的自然环境。

（二）文化环境

名城的文化环境包括历史人物、民俗文化、民俗节庆、风味美食。它是名城文化的活化石，它不仅培养了名城过去辉煌的文化，而且正在培养着名城现在即由历史文化名城旅游开发衍生而来的文化。名城的历史人物是名城的骄傲，古人已逝，留下的是他们的精神在激励着名城一代代后人，如长沙的朱熹的理学教育着一代代湖南人“心忧天下”。民俗文化如戏曲、民歌、诗词、剪纸等都体现了名城劳动人民的智慧和地方文化发展的状况，而民俗节庆则反映了名城人民的生活态度，是一部活的文化史。名城包含了丰富多彩的文化艺术和特有的传统社会基础，如诗歌、音乐、舞蹈、书法、戏曲、雕塑、菜肴、风味美食、民俗风情等都是名城特色的重要组成部分，有的久享盛名，有的已经毁灭失传或正在消失，因此需要发掘、扶植以使其和建筑及风景一样得到合理的发展。

（三）人工环境

在构成名城城市特色的主要因素中，文物古迹最能体现一个城市的特色。这是因为，一个城市的特色更多的是在历史中逐渐形成的，城市是一部真实的、具体的人类文化历史的记录簿。不同的民族在不同的历史阶段、不同的环境中形成各具风格的生产方式与生活方式，培育了形形色色的文化类型。如果没有紫禁城、天坛、颐和园、长城、明孝陵及四合院民居等历史文化古迹及几千年的传统积淀，北京就无特色和个性可言。如果没有六朝遗珍、明代城墙、太平遗物、民国开基及词家绝唱，南京将无历史文化底蕴可与龙盘虎踞、山水城林的壮美风光相辉映。

历史名城的人工环境代表了城市的价值和文明的价值。文化遗迹既是一座城市的文化起点，也是城市的文脉，更是一种宝贵的资本。旧城风貌区及城市风貌体现了名城的过去和现在，也体现了名城的发展。由于地区、气候、地方材料及民族等情况的不同，各地方建筑风格是大不相同的，人们一般说北方厚重，南方明快；高原粗犷，平原秀丽。城市中不同时代、不同国家的建筑形式，成为丰富而多样的城市建筑景观风貌。

五、历史文化名城的价值

（一）文化价值

历史文化名城是我国劳动人民几千年智慧的结晶，经历了几千年的风雨沧桑，它的历史遗存见证和记录了中华民族五千年的文化。

文化是城市的灵魂。历史文化名城经历了沧桑岁月，沉淀了丰富的、经典的传统文化。千百年的传统文化并不是仅仅几处古遗迹、几座古墓就可以代表的。贾鸿雁认为：历史文化名城的文化构成要素包括历史事件、名人轶事、学术文化、文学艺术、工艺特产、民俗节庆。这些构成传统文化的诸要素，除了在书中记载的之外，也有一部分仍在民间广为流传，比如传统的婚嫁习俗、许多濒临失传的工艺技术、戏曲、歌剧等。由于历史文化名城得到重视，与其共存的传统文化也得以保护与传承。历史文化名城作为一个城市，它的职能作用早已超过了一个普通城市的职能，它已是我国保存优秀传统文化之重地、传承传统文化之堡垒。

（二）美学价值

在“天人合一”哲学思想的影响下，我国名城大多都建设在依山傍水的区域，景色秀丽壮观，人与自然和谐地融为一体，具有很高的美学价值。

（三）历史价值

我国历史文化名城均具有几千年的历史，从地下考古到地上历史遗存均可发现名城在历史长河中的卓越地位和贡献，从中也可考证历史。

（四）艺术价值

名城的艺术价值体现在文学、美术、建筑、服饰等方面。我国名城的诗词碑刻丰富，建筑形式多样，具有深刻的艺术价值。

（五）旅游价值

我国的历史文化名城凝聚着中华民族几千年的历史，文物古迹众多。名城旅游资源赋存丰厚，深刻反映了中华民族的文化传承，具有很高的旅游价值。众所周知，国家历史文化名城在中国旅游业发展进程中扮演着“群星闪烁”的巨大作用，几乎支撑着中国旅游业的大半江山，具有旅游目的地、旅游集散地和旅游中心枢纽的功能，在中国旅游网络体系中有着特殊地位和价值。全国60座旅游业发达城市中，国家历史文化名城占31座，占总数的51.6%左右，但接待入境旅游者人次和旅游创汇却分别占到了68%和74%左右，其旅游价值远在其他类型城市之上。北京、上海、西安、广州、杭州、苏州、桂林等国家历史文化名城已经发展成为具有很高旅游知名度的优秀旅游城市，其国际、国内旅游接待以及旅游总收入在60座中国旅游城市中位居前列。旅游业在桂林、平遥、曲阜、敦煌、凤凰等城市已经成为国民经济的支柱产业，对城市经济的巨大拉动作用显而易见。

第二节　文化旅游概述

一、文化旅游概念的界定

什么是文化旅游？这一看似简单的问题实际上却是很难回答的，因为几乎有多少个文化旅游者，就会有多少种关于文化旅游的定义或这一定义的变种。笔者在撰写本章时曾对大量的文化旅游定义进行了回顾，这些定义基本上属于四种类型：衍生于旅游的、动机性的、经验性或意愿性的以及操作性的。

（一）衍生于旅游的定义

旅游的定义把文化旅游置于旅游以及旅游管理理论的宽泛框架之内。例如，将文化旅游视为特色旅游（special interest tourism）的一种形式，在这一形式中，文化构成了吸引旅游者或激励人们旅行的基础（McIntosh & Goeldner，1990；Zeppel，1992；Ap，1999）。另有一些定义把文化旅游置于旅游的系统语境之中，认为它包含了人、地方以及文化遗产之间的相互关系（Zeppel & Hall，1991）；也有将文化旅游置于人的暂时性运动这一语境中而加以定义的（Richards，1996c）。

（二）动机性定义

一些作者和非政府组织认为，文化旅游者的旅行动机是不同于其他旅游者的，因此在对文化旅游进行定义时，必须将动机作为一个重要因素来加以考虑（Richards，1996b）。世界旅游组织把文化旅游定义为“本质上出于文化的动机而产生的人的运动，如游学，艺术表演和文化巡游，旅行去参加节庆或其他活动，访问历史遗址遗迹，旅行去研究自然、民俗或艺术，以及宗教朝圣”（WTO，1985：6）。

（三）经验性或意愿性定义

文化旅游也是一种经验性的活动，不少人认为它包含着某种意愿性的成分。在最低限度上，文化旅游涉及对不同地方的独特社会结构、遗产和特殊品质的体验，或在不同程度上的接触（加拿大旅游局<TC>，1991；Blackwell，1997；Schweitzer，1999）。甚至有些人将文化旅游比作是为获得更多了解而作的一次追求或探索（Bachleitner & Zins，1999；Hannabus，1999）。他们认为，文化旅游将观察者带进过去的文化之中，从而能够帮助他们从不同的视角来看待当前。

（四）操作性定义

操作性定义是人们所使用的最普通的定义方法。文化旅游操作性定义的依据是对几乎为无限的活动或体验中的任何一种的参与行为。人们往往回避对文化旅游作出定义，而代之以“文化旅游包括……访问”这样的陈述。照此推论，如果某人访问了这些吸引物中的任何一种，那么他就一定是个文化旅游者，因此他的活动也将一定是文化旅游活动。操作性定义强调了文化旅游活动的可能畛域。

综合以上定义，本文把“文化旅游”界定为：以文化旅游资源为支撑体系，旅游者通过对旅游资源文化内涵的特殊体验，获得精神愉悦和文化享受的行为。所以文化旅游已经变成一个伞形词语，涵盖范围十分广泛，包括历史旅游、民族旅游、艺术旅游、博物馆旅游等。

二、文化旅游的特点

（一）文化旅游的民族性

文化有其民族性，这源于共同地域中人们的共同生活，及由此产生的共同的习俗、生活方式及世界观。不同民族之间、不同地区之间、不同阶级之间、时代与时代之间的文化各具特性。文化旅游的民族性就源于文化的民族性，因此不同的民族其主体的旅游文化观念和行为模式是不同的。文化旅游的民族性主要通过旅游景区的文化特色和旅游者旅游心理的民族性体现出来。

（二）文化旅游的互动性

文化旅游是两种不同价值观和价值标准的文化相互接触、碰撞的过程。这种碰撞对双方文化（旅游者与东道社会）都会有所影响，从而使各自文化系统内的某些因素发生改变，这就是文化旅游的互动性。在文化旅游过程中，原本互不相干的两个相对离散或完全隔绝的文化系统，由于旅游移动和传播活动而相互接触、碰撞、交流。旅游者从其所处的出发地文化生态中受到熏陶和教育，并将他与生俱来的母体文化传播到旅游目的地中；反过来，他又将其在目的地的文化生态中所接受的信息和感受到的风情传播到出发地社会文化系统中，从而使出发地与目的地的社会文化产生接触相对流。同时，旅游者自身的文化人格在两种文化接触对流的过程发生量变甚至质变。

对于旅游出发地来说，旅游出发地能从文化旅游活动中得到文化凝聚力，旅游者的文化素质、心理素质、身体素质可以从旅游中得到提高，文化旅游也可以改变旅游者所属的文化系统的精神面貌。

对于旅游接待地来说，通过文化旅游，可以促进接待地的经济发展和人民生活水平的提高，使旅游地的社会风尚发生变迁，拯救和发展濒临消失的文化。

（三）文化旅游的感悟性

旅游者进行文化旅游的目的是通过对异质文化的认识、参与来增长知识、陶冶情操，所以文化旅游审美效果的实现要依赖于旅游者对旅游区各方面的感悟。

对于旅游接待地来说，要对旅游景区及游客的参与活动作好合理的规划以更好地展示旅游区所想表达的主题；对于旅游者自身来说，要想从旅游地中获得更多的知识与美感就要提高自身的综合素质。

三、文化旅游的功能

从国家和地区层面上看，发展文化旅游有利于树立旅游接待地区的文化形象，提高旅游接待地区的知名度；有利于增强接待地区的文化凝聚力；有利于促进不同文化之间的相互借鉴学习；有利于促进两地人民之间的理解和交流，增进感情。

从旅游者个体层面上看，文化旅游具有陶冶旅游者情操的功能，能培养旅游者求真求实的品质，促进旅游者的求知欲望；能提高旅游者的审美观，增强他们对美好事物的向往。

四、文化旅游的主题类型

文化旅游的类型依据划分标准不同，可以有多种分法。如依据地理范围，可以分为区域文化旅游、国际文化旅游等；依据文化旅游的开发层次，可以分为观光式文化旅游和参与式文化旅游等；依据旅游载体文化内涵的性质，可以分为物质文化旅游和行为文化旅游等。本文主要采取五种文化旅游类型，分别是历史文化旅游、民俗文化旅游、宗教文化旅游、建筑文化旅游、饮食文化旅游。

历史文化旅游是指旅游者以人类社会历史变迁留下的物质和精神遗迹为依托，通过对异时异域文化特质的把握与体验来达到审美享受的旅游活动。

民俗文化旅游是指旅游者以异地风俗为凭借，通过对异质文化的观察和参与达到审美享受的文化旅游活动。张紫晨先生在《中国民俗与民俗学》中把民俗的范围概括为 4 个方面：经济民俗、社会民俗、信仰民俗、游艺民俗。

宗教文化旅游是指旅游者以宗教景观、宗教仪式、宗教经典为凭借，通过对不同信仰的文化特色的体察和把握来达到审美享受的文化旅游活动。

建筑文化旅游是以独具风格的各色建筑为旅游外在吸引物，使旅游者在观赏各色建筑的同时体验和认识不同文化的特质，达到审美享受的旅游活动。

饮食文化旅游是指以独具特色的各色食物、饮食程序、方式、规则等为旅游外在吸引物，使旅游者在参与制作、品尝各色食物的同时，得到审美享受的旅游活动。

第三节　凤凰历史文化名城与文化旅游的关系

一、凤凰历史文化名城的特色分析

凤凰古城于2001年经国务院批准为国家历史文化名城。凤凰古城特色鲜明，集历史文化研究、旅游开发等多重价值于一身，具有极其重要的保护意义。

（一）凤凰的文化价值

凤凰古城因城西南有一山酷似展翅而飞的凤凰而得名，是一个以苗族、土家族为主的少数民族聚居县。凤凰古城所在的凤凰县是研究西南四省市（湘、鄂、渝、黔）历史文化的一个窗口；南方长城具有重要的历史价值和民族价值，是研究西南少数民族历史融合和分离的重要的纽带。在凤凰，缘于对政治家的崇拜，可以去看看熊希龄故居；缘于对文学大师的敬佩，可以去看看沈从文故居和沈从文墓地；缘于对美术家的神往，可以去看看黄永玉先生的“夺翠楼”，这些都是凤凰文化价值的体现。

（二）凤凰的历史价值

凤凰县历史悠久，在1 300余年的沿袭演变中，几度成为辐射影响湘鄂川黔四省边区的政治、经济、军事、文化中心。乾隆五十六年改凤凰营为厅。嘉庆二年升散厅为直隶厅，民国二年改厅为县，称凤凰县，相沿至今。

（三）凤凰的旅游价值

凤凰古城自然景观优美，有座落古城边的国家森林公园南华山；有集奇、秀、幽、峻于一身，全长 6 200 多米的奇梁洞；有穿城而过、清澈亮丽的沱江风光带以及全县 75 平方公里的风景名胜区自然景观资源。古城文物众多，有县级以上文物保护单位 85 处，其中国家级 2 处、省级 8 处；有古遗址 116 处，特色民居 120 多栋，民居文物有沈从文故居、熊希龄故居、熊家宅院、陈家宅院等官宅。凤凰古城先后被评为中国旅游“十大最好去处”“五十个必去景点”和湖南“十大优秀文化遗产”之一，令无数游客魂牵梦绕，流连忘返。

（四）凤凰的美学价值

凤凰曾与福建长汀一起被新西兰著名作家路易·艾黎称赞为中国最美丽的小城。清澈亮丽的沱江水，江面上悠悠划动的竹排与篷船，江边的洗衣女，沱江旁鳞次栉比的吊脚楼，傍晚吊脚楼上徐徐的炊烟，还有那飞檐斗拱的万寿宫、遐昌阁、万名塔、天王庙、大成殿……构成自然的美、人文的美，犹如一幅美丽的画卷。在这种美不胜收、美到极致的环境中诞生了一位伟大的绘画大师——黄永玉，他用他的画笔向世人展示了凤凰的美。

二、文化旅游是凤凰历史文化名城旅游持续发展的必由之路

旅游业可持续发展是一种崭新的发展观，是不可逆转的发展潮流。历史文化名城的旅游业，现在看来已经背负不起由粗放型发展所造成的资源损失，可持续的发展思路是其长远利益所在。

文化旅游是高文化内涵的一种旅游类型，它要求旅游地有丰富的文化旅游产品及较好的旅游环境，同时，作为一种高层次的旅游形式，它对旅游服务的质量要求也比较高。这就相应要求开展文化旅游活动的城市，不仅要能提供高质量的服务，更为重要的是要有丰富的高品位的文化旅游资源，能确定自己的文化主题。如因出了莫扎特（Mozart）、施特劳斯（J. Strauss）、舒伯特（Schubert）、德彪西（Debussy）等音乐巨人而被称为“音乐之邦”的奥地利，文化旅游开展得十分兴盛，从欣赏音乐会、探访音乐名人成功之路到露天音乐演出，几乎所有文化旅游项目都跟音乐有关，音乐已经成为其文

化旅游的最为重要的主题。

文化是旅游景观永葆青春活力与拥有持久吸引力的源泉，是旅游业的灵魂，没有文化的旅游就像是没有灵魂的躯壳，因此无论是旅游资源的规划开发，还是旅游支柱产业旅游饭店、旅行社的经营管理，都以寻求、挖掘、提升旅游活动的文化内涵作为自己不懈追求和努力的目标。

纵观中国旅游业的发展，我们可以看到旅游的经济功能一直得到重视，而其文化属性却被弱化和忽视了。但可喜的是，如今人们已经认识到旅游业不仅是一项经济性产业，更是一项文化性产业，旅游活动的文化特征显示在旅游活动的各个环节，文化是旅游的灵魂，旅游是文化的载体。文化旅游的提出正是抓住旅游业本质内涵的体现，标志着文化已经成为旅游业发展的新的增长点。

历史文化名城集中了人类发展史的丰富内涵，是旅游资源非常集中的地方，作为一种特殊的城市，至今仍保存有许多珍贵的历史遗迹、文物、风景名胜和传统独特的礼节习俗。悠久的历史、浓郁而独特的民族特色和地方特色为其发展旅游业提供了得天独厚的条件。而旅游作为一种交流传播方式能使世人通过游览活动，认识到历史文化名城的风韵内涵，并通过与他人的交流，传播和弘扬中国的民族文化和文明。

随着旅游的发展和成熟，旅游者已不再满足于观光旅游所带来的视觉享受，而文化旅游作为一种高文化含量的旅游形式，因具有文化内涵丰富，知识性和趣味性强以及很强的可参与性而受到众多旅游者的青睐。所以，历史文化名城发展文化旅游是顺应国内和国际文化旅游潮流的必然之举，也是其永葆青春和活力，实现可持续发展目标的必由之路。

第二章
凤凰历史文化名城概况①

①摘自湘西自治州地方志编纂委员会编．湘西州志 [M]. 长沙：湖南人民出版社，1999：12.

第一节　历史沿革

凤凰县历史悠久。《凤凰厅志》记载，夏、商、殷、周以前，这里即为“武山苗蛮”之地。战国时期，属楚疆域。秦昭襄王三十年（公元前277年）建黔中郡。秦王嬴政统一中原后，把其所辖的广大地域划分为36郡，凤凰所在的黔中郡即为其一。汉高祖五年（公元前202年）更黔中郡为武陵郡，后几经变革，西汉期间凤凰归辰阳县辖，西晋归镡成县，东晋改归舞阳县，但一直属武陵郡管辖。《元和郡县志》记载，唐垂拱二年（公元686年）“在坡山西址设渭阳县”，并载“山甚高，百姓食坡山溪水”。坡山即指凤凰山，坡山西设县城，据考，古县城址就是今黄丝桥古城。古渭阳县址属锦州卢阳郡。元时，统治者为了稳固政权，在渭阳境内设五寨司，五寨长官司驻镇竿（今凤凰县城）。明隆庆三年（公元1569年），在凤凰山设凤凰营，正德八年（公元1513年）设镇竿守备。明嘉靖三十三年（公元1554年）移麻阳参将驻镇竿城。清顺治三年（公元1646年）设镇竿协副将，康熙三十九年（公元1700年）升协为镇，镇竿成为清朝全国六十二镇之一。康熙四十三年（公元1704年）废土司，置凤凰营于今县城，移辰沅靖道驻镇竿。镇竿成为全国八十九道之一；雍正七年（公元1729年），于湘西北设永顺府，辰沅靖道改为辰沅永靖兵备道，镇、道员均住凤凰、治辖范围覆盖整个大湘西二十余州县厅，据载，为全国八大兵备道之一。清乾隆五十三年（公元1791年）改凤凰营为厅（散厅），升通判为同知；嘉庆二年（公元1797年）升散厅为直隶厅；民国二年（公元1913年）改厅为县，称凤凰县，相沿至今。

历史演递，云卷云舒，悠悠数千年，凤凰的区位日显突出，古城镇竿的地位日显重要，最终成为统辖“大湘西”二十余州、县（厅），辐射影响至湘、鄂、川（渝）、黔四省（市）边区的一个政治、军事、经济、文化中心，这种中心位置一直延续到新中国成立前夕。

第二节 江山形胜

一、地理位置

凤凰，国家历史文化名城，湖南省湘西土家族苗族自治州所辖八县市之一。东与泸溪县交界，南与麻阳县相连，西同贵州省铜仁市、松桃县接壤，北和吉首市花垣县毗邻，史称“西托云贵，东控辰沅，北制川鄂，南扼桂边”。距湘西自治州州府吉首市53公里，怀化市92公里；距贵州铜仁机场27公里，张家界荷花机场280公里；G209国道、S308省道贯穿全境，枝柳铁路穿境而过。全境南北长60公里，东西宽50公里，土地总面积1759平方公里。全县辖乡镇24个，行政村344个，社区5个，有汉、苗、土家、瑶、回等18个民族，人口38万，其中农业人口33万。少数民族人口占全县总人口的74.02%，其中苗族19.8万人，为典型的少数民族聚居县和传统的山区农业县。

凤凰古城因其西南的凤凰山得名，被誉为“中国最美丽的小城”，历史、文化、山水、民俗、名人等特色资源完善融合，在中国众多古城中别具一格。2001年，凤凰古城被国务院列为国家历史文化名城，2006年入选《中国世界文化遗产预备名单》。现有县级以上文物保护单位85处，其中国家级2处、省级10处；有古遗迹116处，特色民居120多栋，珍贵馆藏文物和各类珍稀化石1万多件，是西南地区现存文物古迹最多的县份。

二、峰峦峥嵘

凤凰县地处湖南省西部边缘，湘西土家族苗族自治州的西南角。位于东经109度18分～109度48分，北纬27度44分～28度19分。南北长66公里，东西宽 50 公里，总面积为 1 759.1 平方公里，约为全省面积的 0.84%，占全州面积的 8.12%，是一个“八山一水一分田”的较小的山区县。凤凰县境的地势与整个中华大地一致，西北高而东南低，由西北向东南呈三级阶梯倾斜递降。

东部及东南角的河谷丘陵地带为第一级台阶，以低山、高丘为主，兼有岗地及部分河谷平地，地表切割破碎，谷狭坡陡。一般海拔在 500 米以下，包括竿子坪、吉信、木江坪、官庄、新场、廖家桥、水打田、林峰、沱江镇等地，最低的水打田乡竹子坳海拔 170 米。地表物质以红岩为主，夹有部分石灰岩、面岩。气候较温暖。

从东北到西南的中间地带为第二级台阶，海拔 500 ～ 800 米，包括茨岩、茶田、阿拉营、落潮井、麻冲、都里、板畔、千工坪、山江、木里、吉信、三拱桥的一部分，以中低山和中低山原为主，地势较平缓开阔，谷少坡缓，垅田较多，石灰岩广布，天坑溶洞甚多。气候适中。

西北部中山地带为第三级台阶，海拔在 800 米以上，包括米良、柳薄、禾库、两林、腊尔山及三拱桥的一部分。这些地方，地表组成物质石灰岩占 95%，地表起伏和缓，坡度在 5 ～ 20 度之间。边缘地带，峰峦连绵，谷深坡陡，为中山类型。气候较寒冷。

县内石灰岩构造面积占总面积的 70.9%，属古生代地层，在不同的海拔高度上，形成了以石芽、孤峰、峰丛、溶洞、洼地、漏斗、落水洞、阴河、伏流、断头河、岩溶泉水、岩溶瀑布等为主要特征的岩溶地貌，全境山峦起伏、沟壑纵横，河溪迴环，常年深绿逼人的绿色，蔓延各处，构成天然的美丽图画。

县境群山耸翠，奇峰叠起，有腊尔山、凤凰山、青龙山、南华山、八公山、九台山、疤头山、雷洞山、钩鸡坡等 47 座雄伟挺拔的大山，每一座山都有一串神奇的故事。

三、河湖水系

凤凰县水系属于长江水系，经洞庭湖上溯为沅水系，再上溯分属武水或辰水水系。县境内大小河流溪沟 156 条，总长 709 公里。河流由西南向东北呈树枝状分布，流域面积在10平方公里以上或干流长5公里以上的有40条。

沱江为县境最大的河流，为武水一级支流，上有二源：南源为龙塘河（古名龙潭河），从腊尔山的叭苟古塘的油麻河发源，流经贵州省境再流入本县龙塘河。北源为乌巢河，发源于禾库都沙南山峡谷中，滩险流急，天雨水涨，行旅多阻。沱江从西至东横贯县境中部地区，流经腊尔山、麻冲、落潮井、都里、沱江镇、官庄、桥溪口、木江坪等乡镇。在县境长96.9公里，自然高差533米，流域面积为732.42平方公里。

万溶江在县北，离城20公里，古名箪子溪，在县境内有57公里，为武水二级支流。万溶江有二源，北源发源于腊尔山禾库乡龙角洞以东的高山深谷中，向东约3公里流至天星山下，火炉坪乡西界边，至木里乡的万溶江村。南源发源于八公山东麓的古丈坪，经雀儿寨、毛都塘至万溶江村。江水两源将两头羊乡环抱为“陆上海岛”，两江汇合后，经万溶江下流至吉信镇三潭，沿途汇集了冷水溪、拉务河、箪子溪、茶溪、湾溪，直流吉首的张排寨汇入武水。在县内流经山江、两头羊、火炉坪、木里、吉信、三拱桥、竿子坪等乡镇，长38.7公里，流域面积290.2平方公里，多年平均流量6.5立方米/秒，自然高差550多米。

白泥江又名白岩江，为辰水一级支流。在县境内长约36.1公里，流域面积34平方公里。主要源头是湖南西部边境的阿拉镇天星堂。沿途汇集来自阿拉镇的流口溪，廖家桥镇的回龙溪、茨岩溪，林峰乡的皂泥潭，水打田乡的平溪山。在水打田双江咒骂与水打田溪汇合，由竹子坳流入麻阳县的锦江。该江主干穿过本县阿拉、茶田、茨岩、新场、廖家桥、林峰、水打田等乡镇。

苏麻河，是县西北腊尔山台地上的一条小河，源出于雄伟的来龙山下两林乡的板井，进入腊尔山的科茸、忍务，流入柳滚村时由南经西，经过板拉到的果，一直向西流入贵州省松桃县的盘信区内，再折转向南，经铜仁、入锦江。在凤凰县境14公里。

龙塘河，在县西北落潮井乡境。它的源头有二：一为腊尔山镇来龙山下的叭仁，另一源头为腊尔山镇来的油麻河。龙塘河经报国村、龙塘村，在凤凰山下穿过千寻悬崖入古妖潭，后穿过飞崖深谷，曲曲弯弯流程31公里而到都里马颈潭，与乌巢河在长潭岗汇合。

乌巢河，在县境西北高山峡谷中，发源于禾库乡的都沙，绕过险峻的八公山西麓，经腊尔山、山江、落潮井、麻冲等乡镇，流程 33 公里，在都里乡的马颈潭与龙塘河相汇。

四、自然资源

土地资源。凤凰县土地总面积 1 795 平方公里，共有耕地面积 3 316.68 公顷，其中水田 2 532.36 公顷，旱地 729.84 公顷。

水资源。凤凰县水系属于长江水系，经洞庭湖上溯为沅水系，再上溯分属武水或辰水水系。县境内大小河流溪沟 156 条，总长 709 公里，水资源 13.47 亿立方米。全县共有各类水库 66 座，其中：大型水库 2 座，小Ⅰ型水库 16 座，小Ⅱ型水库 48 座。病险水库 27 座。水库总蓄水量 3.1 亿立方（其中：长潭岗水库蓄水量为 2.1 亿立方，龙塘河水库蓄水量 0.3 亿立方）。

生物资源。凤凰县共有各类植物物种 618 种，动物种类 123 种，林地面积 34 780.9 公顷，森林总覆盖量为 92.33 万立方米，覆盖率为 30.62%。

矿产资源。凤凰有丰富的矿产资源。已发现矿种 23 种，探明储量 13 种（饰面大理石、含钾页岩、钒、电石灰岩、水泥灰岩、锰、汞、镉、硫铁矿、锌、磷、铅、煤）。

凤凰属中亚热带季风湿润性气候，但西北中山山原却有北亚热带的性质。由于西北高、东南低的地势差异，气候分为三种类型，第一类型是西北高寒山区（腊尔山区和山江区的北半部），海拔 700 米以上；第二类型是较暖区（吉信区和城郊区的南部地区）；其余地区是第三类型，界于两类之间。高寒山区和较暖区气温一般相差 5 ～ 6 摄氏度，节气相差 15 天左右。

全县处于全国多云中心区的边缘，年平均云量在 8 成以上，年平均雾日达 35 天，因此日照偏少，处于全国低照度中心区及湘西北低值中心区，但仍足以满足作物正常生长的需要。

凤凰县位于云贵高原东侧少雨地区，历年平均降雨量仅 1 308.1 毫米，年降水量为州内最少，也是全省少雨区之一。但由于山区阴地形对暖温气流的阻滞和抬升作用，腊尔山区的旱情往往比城郊区为轻。

全县冬季盛吹偏北风，夏季盛吹偏南风。由于受大气环流的影响，表现为最明显的季风环流。

第三节 民俗风物

凤凰是多民族聚居县，共有苗族、土家族、汉族、回族等 18 个少数民族，其中以苗、土家、汉三族为主，苗、土家族等少数民族人口 29.67 万人，占总人口的 75.2%。苗族人口 21.9 万，占总人口的 55.5%。

苗族为本县土著民族，分布形成大集中、小分散局面；土家族一般是与汉杂居。苗族，是凤凰县最古老的民族。远古苗族生活在黄河流域，其先祖蚩尤曾与炎黄部落作战，失败后苗裔退居江汉、洞庭湖一带，建立三苗国。商周时，三苗被破，苗祖迁徙到湘西“五溪”一带，即今湘西、黔东等地，后又由湘西分迁到西南各地。在中国古代典籍中，早就有关于五千多年前苗族先民的记载，这就是从黄河流域直到长江中游以南被称为“南蛮”的氏族和部落。湘西苗族以远古骧蒐部落的仡熊、仡夷为主体，融合三苗、盘瓠两个部落中的一部分先民组成。苗族有自己的语言，苗语分三大方言：湘西、黔东和川黔滇。苗族地区以农业为主，以狩猎为辅。苗族的挑花、刺绣、织锦、蜡染、剪纸、首饰制作等工艺美术瑰丽多彩，驰名中外。其中，苗族的蜡染工艺已有千年历史。苗族服饰多达一百三十多种，可以同世界上任何一个民族的服饰相媲美。苗族是个能歌善舞的民族，尤以情歌、酒歌享有盛名。

土家族具有长远的历史渊源，据考证，凤凰土家族可能是廪君蛮巴人后裔。土家族古代分布在湘、鄂、川、黔四省边界，一直居住在长江、沅水之间，是一个较稳定的民族。作为族称的“巴人”，曾经是一个多部落的统一体，其祖先一般认为是今鄂西的巴东、建始地区的“南猿人”以及长阳地区的“长阳人”。据司马迁《史记·五帝本纪》记载，到了汉代，称巴郡南郡蛮、武陵蛮、娄中蛮、澧水蛮与中沔蛮（屠山蛮）等。三国、两晋、南北朝时期，称武溪蛮、西溪蛮、天门蛮、黔阳蛮、建平蛮等。隋代称“岳左”。宋代称北江诸蛮。《宋史·蛮夷传》称蛮区人为土民、土蛮、土官等。明清两代称土夷、土蛮、土家。到了明未清初时期，才出现“土家”与“客家”的汉语称谓。所谓“土家”，是相对于“客家”而言的，而所谓“客家”，又主要是指汉人而言的。“土家”意为“本地人”，“客家”则意为“外来人”，只有较多的汉人移居到土家地区以后才出现。本来，土家族自称“毕兹族”，古代巴人也是这样自称的，但“毕兹”不等于就是“本地人”。“毕兹”是土家族的自称，是古代就有的，而“本地人”是后来较多的汉人移居到土家族地区以后才出现的汉语称谓。

凤凰民族民俗独特。原汁原味的楚巫文化，韵味独特的凤凰土话，别具一格的苗族服饰，苦辣咸酸的饮食习惯，原始戏剧活化石傩堂戏，地方风味十足的阳戏，散发着泥土清香的茶灯以及玻璃吹画、蜡染、纸扎、苗族银饰等格调清新高古的民间工艺，构成了凤凰独具特点的民族民俗风情。

一、独特民居

保家楼。一种纯系护性质的民居，也是民居建筑中的一种特殊建筑形式，始于民国年间。主要是村寨权势乡绅和地主，为了保护自己的生命财产，便在自己的宅院建起保家楼，用以防卫敌对势力的掳掠。但也有部分是由群众集资共建，用以保护本寨的安全。

保家楼的建筑特点是：平面以布局为正方形或矩形，外观形态与古代军事建筑中的碉堡相似，高达 3 ～ 4 层，两层以上四壁均留有枪眼。各层之间铺设楼板，架有板梯。修建位置一般均选择便于攻守的地址，居高临下，便于观察和阻止外敌进犯。

吊脚楼。其建造独具特色，小巧别致，一般为两层楼房，俱属五柱六挂或五柱八挂的穿斗式木结构，具有鲜明的随地而建特点。吊脚楼上层宽大，制作工艺复杂，做工精细考究，屋顶歇山起翘，有雕花栏杆及门窗；下层占地很不规则，不作正式房间，但木质下吊部分均精雕细刻，有金瓜或各类兽头、花卉图样，上下穿枋承挑悬出的走廊或房间，多建筑在溪河水边高坎之上或竹木掩映之间，各抱地势，凌波弄影，既具粗野无拘之趣，又有秀丽娴静之风。它依山临水，空气清新，古朴秀雅，不仅给苗乡土寨增添了美姿丽容，而且深受苗族土家各族人民喜爱。至今，吊脚楼在县境城乡四处可见。

宅院。大多为群体建筑，用封闭的围墙，严密而坚实的大门与外界造成一种分割，形成一个独立的院子。其平面布局，以开间为基本单位，灵活地在各个恰当的地方安插大不不同的天井，组成一个有机空间群。有的则采用所谓“隔墙花厅”的办法配置一个新的空间系统；有的还形成大院套小院，庭院相连成一整体，适当利用内部的庭院、天井及内廊进行采光、通风，或作为内部交通便道。

过去宅院的房屋多以木构架为主，有两层的楼房，也有一层的平房。此类宅院,凤凰城乡处处可见,民间称它为“印子屋”“四合院”或“封火桶子”。如过去在县城的田（应诏）公馆、刘（土奇）公馆、陈（斗南）公馆等，有的现已撤除或改建，无法见其原貌。至今仍保持旧貌完整的还有吴家弄的陈斗南住宅和著名作家沈从文的故居。

寨落。是有栅栏或围墙的村落，现在，有的没有栅栏围墙的村庄，也叫寨落。寨落里的人一般是聚族而居，或是一个至几个族别聚居，或以某一个姓氏为主体，加上别的几个姓氏聚居一处，这是凤凰各民族在清末民初时期，因受统治压迫及兵灾匪患的影响而逐渐形成的。有的几十户或几百户为一寨，而且多由 3 ～ 5 个小寨组成大寨。苗族寨落一般建在山麓或山腰，远离城镇，交通梗塞，以山寨居多，平寨较少。

二、古风习俗

凤凰各族的婚姻嫁聚、丧葬、祭祀、禁忌各有特点，虽然其古风旧习不断变异，但是有的仍保留至今。

苗族婚嫁。凤凰苗族地区婚姻自主程度较高，各地苗族青年都有以择偶为主要目的的传统的自由社交活动形式。湘西叫做“赶边边场”或“会姑娘”，黔东南苗族则称为“游方”，广西融水叫“坐妹”或“走寨”，黔西北称为“踩月亮’，黔中及一些西部苗族称为“跳花”“跳场”等。在这类社交活动中，青年男女可以三五成群地或者单独地、公开地或悄悄地对歌和交谈。以对歌的形式谈恋爱是苗族婚俗文化中最具代表性和富于民族色彩的风俗。

一些苗族社区还有专供青年们谈恋爱的场所，如黔东南的游方坪、滇东北的姑娘房等。苗族青年择偶不重财产和家境，更看重个人才华和品性。

找到合适的恋人后双方即可交换定情物。结婚一般情况下需征得父母的同意。在大多数苗族地区，青年自主婚姻与父母包办婚姻并存，这两种情况不一定是不可调和的矛盾，只看哪种倾向更重。一般来说，父母和子女都互相尊重和征求意见，强迫成婚的很少。而且社会习俗允许并维护青年人的自由选择。因此更多的情况是自由恋爱后由父母主持婚姻。具体步骤是，青年人谈好了，男方征求父母的意见后请媒人到女方家说亲。正常情况下，女方父母不会反对，有时须用鸡卜来决定婚姻是否可行。一经说媒定亲，双方即商谈结婚日期和聘礼。结婚前，男方必须为女孩的舅家送一笔钱或其他财物，称“舅爷钱”。如果父母不同意，青年男女可以私奔，寻求亲属或社会力量的支持，时间长了，父母也就承认既成事实了。

还有一种形式就是抢婚或类似抢婚的形式。青年男女通过自由恋爱，愿作终身伴侣的，男方在某天夜里，邀约几个朋友或兄弟把女方带到或“抢”到家里来，即成婚姻。三天之后，才请个“全福”的老人带只鸡去给女方父母“报亲”，请他们认可这门婚事。然后双方商定“回门”（回娘家）办婚礼的日期和具体事宜。

宗教信仰。苗族的主要信仰有自然崇拜、图腾崇拜、祖先崇拜等原始宗教形式，苗族社会迷信鬼神、盛行巫术。

苗族对一些巨形或奇形的自然物，往往认为是一种灵性的体现，因而对其顶礼膜拜，酒肉祭供。其中比较典型的自然崇拜物有巨石（怪石）、岩洞、大树、山林等。此外，苗族认为一些自然现象或自然物具有神性或鬼性。苗族语言往往鬼神不分，或者两词并用。多数情况下，鬼被认为是被遗弃或受委屈的灵魂和工具所变成的，常给人类带来灾难、病痛、瘟疫或其他不幸，比如所谓东方鬼、西方鬼、母猪鬼、吊死鬼、老虎鬼等，被称为恶鬼。而有灵性的自然现象常被认为是善鬼，具有一定的神性，如山神、谷魂、棉神、风神、雷神、雨神、太阳神、月亮神等。对于善鬼、恶鬼，苗族人的祭祀之法亦不同。对善鬼有送有迎，祭祀较真诚，对恶鬼则须贿赂哄骗直至驱赶使之远离。

苗族还认为自然界存在许多精怪。比如牛在厩内以粪便盖身或在厩内打转、将粪踩成圆圈，猪吃猪仔或躺在食槽里，鸭吃鸭蛋，老虎进田，遇到两蛇交尾，母鸡发出公鸡的鸣叫等均属出现了相应的精怪。

苗族地区的人造物崇拜有土地菩萨、土地奶、家神、祭桥、水井等。土地菩萨苗语叫土地鬼，一般由几块石头垒成，土地屋多为木制或用三块石板搭成，极为简陋，设于寨旁路口处或大路边行人休息处。家神信仰存在于川黔滇方言的部分苗族中，即在家中设立“家神”偶像。祭桥流行于黔东南大部分地区。龙也是各地苗族的崇拜和祭祀对象。

图腾崇拜方面。东部地区许多苗族与瑶族共同崇拜盘瓠（一种神犬）。他们世代传说着“神母犬父”的故事，把盘瓠视为自己的始祖。中部地区一些苗族认为他们的始祖姜央起源于枫木树心，因而把枫树视为图腾。另有一些地区的苗族以水牛、竹子等为自己的图腾崇拜对象。

祖先崇拜在苗族社会中占有十分重要的位置。他们认为祖先虽然死去，其灵魂却永远与子孙同在，逢年过节必以酒肉供奉，甚至日常饮食也要随时敬奉祖先。许多地区定期或不定期地举行祭祖盛典，在湘西有“敲棒棒猪”“椎牛祭祖”，黔东南有“吃牯脏”，黔中地区叫“敲巴郎”，黔西北、滇东北有打老牛习俗。其中，黔东南的吃牯脏至今盛行不衰，最为典型。吃牯脏亦称祭鼓节、鼓社节、鼓藏（牯脏）节，以宗族（鼓社）为单位，每 7 年或 13 年举行一次。他们认为祖先的灵魂寄居中在木鼓里，祭鼓就是敲击木鼓召唤祖先的灵魂来享用儿孙的供品。主祭者称为牯脏头，祭品牯脏牛是专门为此而饲养的。每届祭祀活动前后延续 3 年之久。

苗族人虔信巫术。主要的巫术活动有过阴、占卜、神明裁判、祭鬼等，此外还有蛊术等。巫术活动由巫师主持。巫师大多是非职业化的。他们在前述各种原生性崇拜和巫术活动中起着主持者的角色，有的地方巫师还兼任寨老。巫师除了熟悉祭祀方法外，大多还能讲述本宗支的谱系、本民族重大历史事件和迁徙的路线，熟悉各种神话传说、古歌古词和民间故事，有的巫师还兼有歌师和舞师的职能。所以说，巫师是苗族传统文化的重要传承人，在苗族社会中充任知识分子的角色。此外，巫师还掌握一定的医术，懂得一些草药，在为人驱鬼的同时，辅以科学的医药手段。

打猪。苗族祭祀本家祖先的一种活动，苗语叫“保巴果”。打猪要进行一整天，要请舅家 7 个客人来喝酒，其中一男一女在“禾丢”（竹片弯成的棚架）前相对而坐，另 5 人端坐堂屋，面前各置一个酒碗，当苗老司念到“哈叼”（喝）时，客人要端起碗象征性地喝酒。

打猪时要将猪前腿和后腿分别捆到一起，用两根木棒从猪的前腿和后腿穿过，压在地面钉紧，再用木棒将猪打死，燎毛刮净。开膛后要将猪一部分肉做成肉串，与一后腿一起摆到“禾丢”内祭祖，封之为“牙合”（忌肉），由苗老司请祖先享用后，交由舅家客人背回家去。客人回家时主人不能送，客人也不能谢，以免惊动祖灵。客人背肉回家途中遇人要高喊“背忌肉来了”，通告对方。对方若与背忌肉者异姓，则要老远避开。背肉的人回到家，当晚要请族人将忌肉吃完，吃不完的，要包好埋入余洞里，碗筷要拿到河里或井边洗净，不能在家洗，不能将油汤喂牲畜，否则，认为要被虎伤蛇咬。

参加打猪的人不准留胡须。打猪过程中，不准讲汉话，不准说虎蛇，不准开玩笑。同时，忌讳汉人窥视，忌穿有衣领的衣服。凡是参加打猪的人，事前都要沐浴净身。如有违忌，则认为打猪祭祀不能生效，违忌者必须赔偿一切损失，以便择日再祭。

接龙。是苗族一种非常神圣的礼拜活动。苗族人为家道兴旺，往往许愿于龙，并请两位苗老司来做法事，请母舅接龙，请寨中族人帮忙。母舅来时，主人要到村口迎接，并当场送酒两碗，送红包一个。

整个接龙活动一般要两天。第一天，敲起锣鼓，吹起唢呐，请苗老司祝词。到中午时分由苗老司带主妇和母舅接龙。主妇要穿节日盛装，与母舅同来的妇女都要着绣花衣裙，戴银首饰。龙接回时，在家男子都要拿着纸钱和香火，由另一苗老司引到村口接龙，燃放鞭炮，引龙进屋。然后，客人可以散去。

第二天，要根据苗老司的安排，在堂屋挖一小坑，放朱砂水一碗，用岩板盖上，称为龙室。然后，苗老司带着主人家男女，摇铃念咒，绕龙室三周，放鞭炮，引龙入室，再用土填实周围，接龙仪式即告完毕。

苗族人家十分看重龙室，走到苗家人屋内，不可敲打龙室，惊扰神灵被视为大忌。

还傩愿。“还傩愿”是苗族独特的酬神活动。古时苗家人往往为消灾灭祸、生活安康、家庭兴旺而祈求祖灵护佑，许下一年、二年、三年之期的大愿，至期如愿，要遍报亲朋，椎牛杀猪宰羊请苗老司还愿，即为还傩愿。还傩愿场面庄严、神圣，富有原始野性魅力。

椎牛。是苗族最隆重的祭祖活动。椎牛既有富裕人家为家道兴旺，感谢祖先保佑的目的，也有因为病灾或事不称心而祈求祖先保佑的。

椎牛分合村公祭和单家独户举行祭祀两种。一般在许下椎牛大愿后，必须经五六年乃至十几年的准备才能还愿。还愿需要一头水牛、两头黄牛、两头猪、一只鸡，耗费非常大。

椎牛那天，亲朋好友要前往庆贺送礼，所以围观者很多。椎牛时，在空地上立一花柱，柱上套一篾圈，牛系圈上，苗巫师口中念念有词将牛献给祖灵，由母舅将牛刺死。牛死后，唢呐齐鸣，锣鼓喧天，人们尽情欢闹嬉戏。

椎牛一般要三天时间，第一天上客，第二天椎牛，第三天散客。椎牛期间，无论是谁都要打花鼓一次，但一般按与主人的亲疏关系来排序，先主人、再母舅、再妻舅，等等，晚上主客对唱椎牛歌。

椎牛活动耗费很大，非一般人所能接受，加之社会的变迁，人们思想认识的变化，目前，这项活动已很少见。

拦门酒。拦门酒是苗家古老的一种习俗，一些地方直呼“识友酒”。相传古时候苗族的祖先生活在平原、湖滨，生活幸福。后历尽峰烟，被迫迁徙至深山老林间。无情的岁月养成了苗家人豪爽狂放、爱憎分明的个性，但凡有人来访，入门前主人以酒一碗敬之，饮者为友，就会受到苗家人的热情款待。时代变迁，如今的拦门酒已成苗家欢迎贵客光临的一种礼节。

拦路歌。拦路歌往往和卡鼓连在一起。苗家走亲、婚嫁，仍保留“拦路”和“卡鼓”的风俗。客散时，主家寨子的少男少女早已在寨边路口等着，男的三五个手挽着手，女的六七个肩挨着肩，拦住出寨的路口，唱着苗歌，要客方的少男少女留下来。他们既可互相用歌声表达真情，也可互相用鼓舞传达深意，那婉转的歌声，那撩人的鼓点，在深山峡谷中回荡，激动人心，勾人魂魄。

边边场。苗族青年婚前恋爱比较自由，青年们赶场、聚会，往往是男的两三个一伙，女的五六个一群，或坐在树荫下，或坐在草坪中，有说有笑。散场回家的路上则挑中意的对象，以歌表情，以歌结友，俗谓“边边场”。“边边场”整个过程充满浪漫情调，充满诗情画意。

唱苗歌是苗族表述心迹、传递情感的一种方式。苗歌博大精深、构式严谨、种类繁多，在或激越高亢或委婉缠绵中表情达意。青年男女苗歌唱答时陶醉在一种艺术氛围中，求含蓄多比兴，绝无淫词滥调。赶“边边场”必须避开同宗父老兄弟，偶尔相遇也必须马上规避，否则将被视为大不敬；同姓男女皆为兄弟姐妹，不能谈情说爱，更不能通婚，同姓通婚将被视为大逆不道。

爬刀梯。爬刀梯是苗族独步天下、惊险绝伦的艺术奇葩。爬刀梯和椎牛一样，是苗族还傩愿祭祀仪式中庄严神圣的程序之一，充分表现苗族人民祭祀祖先时心灵的虔诚和向祖先祈祷时感情的真挚，具有十分神秘的苗族巫文化色彩。随着时代的进步与发展，部分苗巫师为了满足人们观感刺激的需要，逐渐将爬刀梯这一活动从祭祀程序中剥离出来，使之成为一项扣人心弦、引人入胜的观赏性艺术。

爬刀梯往往在空敞开阔的坪坝举行。先将一根高大坚实的木杆立在坝中，杆上呈梯级状插着数十上百把锋利无比的大刀，使整根木柱形成一架望去寒光闪闪、令人目眩心惊的刀梯。

爬刀梯之前，都要由苗巫师先做法事。其时，牛角争鸣，苗巫师手端"法水"碗，先祭祀祖先及四方神灵，后用"法水"围着刀梯点洒，祈祷爬刀梯者平安无事。法事完毕，苗巫师赤脚踏着锋利的刀刃，一步一步爬上数十米高的木杆顶端。看上去惊险异常，但绝少见有挂红（见血）的。爬到刀梯顶端时，身手敏捷的苗巫师，常常用肚子顶住梯顶，手脚展开，宛若大鹏展翅，令人惊叹。

更为神奇的是，爬刀梯不仅苗巫师及其徒弟可"爬"，如得允许，有胆量的观看者也可一试身手，绝对不会发生意外。试爬成功后，将刀抽下来试试刀锋，仍然锋利如初。

踩火犁。同爬刀梯一样，原来都是苗族还傩愿过程中向祖先表明心迹、祈求保佑的祭祀活动，因其惊险刺激且自成体系，久而久之便逐渐从祭祀活动中剥离出来，形成苗族独特的高难度的传统表演艺术。

踩火犁用的铁犁都是平常农村耕田耕地使用的铁犁。表演前，先将十数片铁犁放到旺炭火上烧红，而后取出，排成一排，远远看去，宛如一个长方形的燃得正旺的炭火坑。踩火犁开始后，苗巫师光着脚板从灼红的铁犁上走过去走过来，悠闲自得，如履平地。

踩火犁表演近乎神话般神奇。前来观光的游客有跃跃欲试者，偷偷去摸苗巫师走过的铁犁，还没摸着，已觉得热气逼人，少数摸到的，往往被灼伤。其中神妙，围观之人叹为观止。

三、节日古礼

凤凰各民族有共同的节日，也有本民族独有的节日。这些节日古礼反映了各族人民的传统习俗、道德风尚、思想情操、宗教观念等。透过它们，可以探索到各民族文化的渊源，感受到各族人民千百年来对美好生活的向往。现着重介绍一些凤凰独有的传统节日。

四月八。是古代苗族祭祀先烈的盛典。每逢农历四月初八，苗族人民都要聚集到预定的地点跳鼓舞、对山歌、上刀梯、表演刀枪箭术，以表对先烈的怀念和继承先烈遗志的决心。传说远古时，凤凰县龙塘河跳花沟每逢四月八日，都要举办盛大歌舞会，苗族男女你唱我和，相伴而舞，自由恋爱。后来有一年，官家派人前来抢亲选美，拆散了对对恋人，糟蹋了许多美貌少女。第二年的“四月八”，苗家青年早作准备，在官家派人抢亲时，奋起反抗，但遭官府血腥镇压，苗家勇士全部战死。从此以后，每年的“四月八”，苗家人民都要举行盛大活动以祭祀四月八殉难的先烈。

春社。就是古人祭祀土地，以祈丰收之意。周代用甲日，后多于立春后第五个戊日举行祭祀，谓天子之祭也。全唐诗《社日》有“桑柘影斜春社散，家家扶得醉人归”的佳句，凤凰则有“三戊惊蛰五戊社”的俗传，即把立春后的第五个戊日定为春社。意为春回大地，柳绽新芽，气温日升，农民陆续播种打秧，开始繁忙的季节已到。届时，为了祭祀土地神，各家各户吃社饭、社肉，喝社酒。社饭，即社祭时所供的饭食；社肉，即社祭时所供之肉；社酒，即社祭之酒。时至今日，这种赋有诗意的节日城乡大部沿袭，但删繁就简，多以吃社饭表示向土地神祈祷。

六月六。是苗族祭祀祖先的节日。凤凰苗区有苗族青年天灵射杀皇帝的传说，这个传说与《苗族文学史》中的《田螺相公》内容完全相符。传说苗族英雄天灵，经三年苦练，一箭可射到京城皇帝的宝座上，功夫到家那天，为养精蓄锐，天灵早早就睡了，嘱咐母亲鸡叫头遍时叫醒他。谁知老母半夜后簸米，不经意拍响簸具，“拍拍”之声引起鸡叫，天灵听见鸡叫后急忙爬上将军山（山在贵州松桃、铜仁、湖南凤凰的交界处），弯弓对准京城方向就射。箭射中了皇帝的宝座，但皇帝尚未登殿。天灵因此被害，据说被害这天是六月六日。于是，每逢此日，苗胞便云集凤凰山下，吹唢呐、唱苗歌、跳鼓舞，祭奠先烈，祈祷吉祥，祈祷幸福，祈祷未来和希望。

封斋。每逢小暑节前之辰日起，至小暑节后之已日止，为开斋时。第十四日为封斋日。封斋日是天王爷遇难的日期。在此期间，忌食鱼、虾、鸡、鸭、鳖、蟹、猪、牛、羊等荤菜。如果误食，必降灾殃。在苗族居住区，可以吃猪肉、牛肉和羊肉。如见山禽、野兽、虫蛇类不能打，并避讳叫其名。如在此期间死人，必须杀猪来祭拜天王悔过，这一做成已经成了一种风俗，尤其是风乾天道两旁的居民更是严格遵守这一风俗习惯，并且在斋前必须将所有用物净洗一番。社会人士，都将天王视为能灵应的尊神。新中国成立后已废止。

中元。道家以农历七月十五日为中元节。旧时道观在这一天作斋醮，憎寺作盂兰盆斋。凤凰历来以农历七月十一日至十五日为中元节，又称“鬼节”。民谚：“七朋半，鬼成串”，夜间不准小儿出门。自十一起，各家祭祖先，焚香烛，设肴馔，至十五日化纸钱包封，或焚“金锭银锞”，叫做“送亡”。县城玉皇阁每晚撞“幽冥钟”，钟声是紧十八，慢十八，不紧不慢又十八。撞钟僧人下午不吃饭，日夜不离钟，直到十五日方休。

土家族过中元节叫过七月半，简称“月半”。

赶秋。是苗族民间在秋收前或立秋前举行的以娱乐、互市、男女交往与庆祝丰收即将到来等为内容的大型民间节日活动。关于赶秋的由来，有的说是赶“立秋日”，有的说是“赶秋千”。“赶秋千”反映苗族人民对五谷丰收、六畜兴旺与幸福的追求。

吃新节。土著的苗族，主要以农耕为生，人们所期望和看重的，便是吃新。在吃新节里，除办鱼肉酒饭、煮南瓜糯米粥外，还将新的包谷、禾胎、豆荚、茄子、辣子、苦瓜等陈列于家龛之前及土地神祠前祭之。未吃饭前，将所有菜肴各取一份并盛饭一碗，先送狗吃，传说谷神是狗带来的，狗有大恩。吃新的时间，一般以小暑节后已日算起，再过十日逢卯日，便是吃新的时间。

四、风味小吃

凤凰人吃的文化、吃的习俗也丰富多彩。苗族、土家族与汉族的饮食习惯有同有异，在食物的制作与烹调方面，又具有各自的特点，现就一些味道可口、独具特色的小吃作一些介绍。

酸鱼。在凤凰的苗族聚居地区，酸鱼味道酸咸，香辣可口，是用来招待贵客的菜肴。每逢苗家的喜庆节日，酸鱼佐包谷烧（酒），别有一番风味。苗家酸鱼还可拌炒酸辣椒、酸茄子、酸黄瓜、酸番茄、酸春芽、酸竹笋、酸蕨、酸葱以及包谷酸、糯米酸等各种酸菜食用，味道也各不相同。

制作酸鱼的程序虽不太复杂，但特别讲究。先挑选半斤左右的酸鱼，洗净颊鳃，破肚取脏，抹以盐粉，鱼背朝下，置于坛里，铺放平整，一层一层往上铺好，待一两天即取出放至篾筛阴凉，干水即收，再将糯米粉、辣椒粉和其他佐料放于鱼腹空腔，再放于坛，上用桐叶或包谷球壳覆盖，加以篾圈竹梢卡住压紧，将坛盖好，坛口围槽盛水淹及三至五分为宜。一般可储存两三年，需食用时，随时可以从坛里取出。苗家用酸鱼待客的习俗，至今仍保留。

血粑鸭。血粑鸭子是凤凰，乃至湘西最具特色的地方菜之一。制作时将预先浸泡好的上等糯米装入碗里，宰杀鸭子时将鸭血溶入糯米浸泡均匀，等鸭血凝固了，再蒸熟。放冷后，将血粑切成小方块，然后用菜油煎熟。待鸭肉九分熟时，再将血粑放入鸭肉里烹煮，并掺和一定的香料物品，呈金黄色即可。鸭子煮血粑既有鸭肉的鲜美味浓，又有血粑的清香软糯，吃起来口感香浓，让人食欲大增，真是稀有的人间美味佳肴。

腊肉。腊肉是苗家人的待客珍品，每年临近年关时熏制。熏制时先将猪肉切成三至五斤一块，揉盐和各种香料后腌三至五天，待盐及香料浸进肉内，再用竹条或藤条穿串挂到火坑上，以烟火慢慢熏干。如用橘子皮熏烘，腊肉油中透红，红中透亮，不见烟灰，颜色更显好看。熏制得比较好的腊肉一般可保存半年以上。腊肉做菜前须洗净、煮熟、蒸软、再切片，既可直接蘸酸汤辣子食用，也可加佐料翻炒，香味独特，菜色亦佳。

社饭。凤凰社饭源于社日祭祀。它主要以糯米、黏米各半，拌以腊肉钉钉、猪油、胡葱、青蒿（别名社菜）等原料，制作工艺精细，食之香而不腻。立春以后，草长花开，当地人为了祭祖祀神，从田野采来鲜嫩的社菜用石碓冲碎，用清水洗净其苦酸味，再放到锅里烘干，拌上野葱用青油回炒，制成“傻”菜；然后将本地精产香糯米与切成颗粒的过冬腊肉拌合同煮；饭半熟时拌上“傻”菜，再焖烹片刻，社饭就作成了。社饭既有糯米的甜香，又有腊肉的薰味，还有社菜的清香，饭一开锅，香味四溢，直令人馋涎欲滴，食欲大振。

酸汤。是凤凰人的传统汤菜。酸菜一般采选萝卜叶、白菜已开始发黄的叶片，在阴凉处摊摆一两天，使叶片呈金黄色，然后洗净、切碎、装坛，再用滚开的米汤和酸汤曲浸泡并靠近有热火气的地方摆放，一天一夜可成，其颜色金黄透亮，可凉拌或做汤。做汤时，只需放水倒入部分酸菜，放入豆腐，再加上野葱、少量辣椒等佐料，煮开就可食用。此汤颜色嫩黄，味道清鲜，食之使人增食开胃，并且可以强身健体。

菜豆腐。是凤凰民间常用的菜谱之一。制作时首先用石碓或石磨将黄豆加工成粉末或豆浆，用白菜、青菜掺和煮沸，辅之以食油、食盐、山椒花、辣椒等佐料，色清爽，味道香甜，营养好，老少皆宜。菜豆腐的由来已久。据传元朝顺帝年间，南昌府南昌县梓溪牯牛镇上，有一土家族人名刘文质，考中进士，元末致仕归流，临终前给亲生六子各白银 1 000 两。后来这六子各分房至泸溪、麻阳、沅陵、溆浦、黔阳六县。因刘文质六个儿子分别在不同的地方，子孙后代很多但大家相隔甚远，所以就定下了除夕先吃斋后吃荤的家族习惯，继承此习惯的就是同族人。吃斋时吃青菜豆腐，表示艰苦创业；吃荤的时候是吃猪头、猪尾和猪蹄，表示奋发向上。凤凰位于沅水上游，每岁除夕吃“青菜豆腐”的习俗在水打田姓刘的土家族人民中沿袭下来，并逐渐把菜豆腐传于各地，让菜豆腐成为常用之菜。

酸萝卜。吃酸萝卜是凤凰人一大特殊的嗜好。小街小巷、闹市路边、学校门口，一般都有老婆婆摆设的酸萝卜摊点。泡制酸萝卜的方法较简单，一般家庭都能制作。先把淡盐开水冷却，倒入翻水坛中，再将洗净的红萝卜切成块状，放入冷翻水坛中腌泡，同时放一些花椒、大蒜，盖好即可。做得好的酸萝卜酸中有甜，甜中带香，再加上辣椒的辣味，这种味道只能亲自去品尝，难以言传。

糯米粑。自古以来，凤凰各族人民在逢年过节时，有喜欢吃糯米粑的习俗，特别是过年时，用糯米粑预示来年的风调雨顺、五谷丰登。每年除夕前，家家户户用甑子将糯米蒸成饭后，放在石臼中，再用木杵“哐哐”地打，然后撬在门板上压成碗口大小、手指厚薄的月圆形，待晾干后，用冷水浸泡，避免霉变。糯米粑可以用油煎、火烤或和菜一起煮着吃，十分可口。糯米粑还是传递感情的礼品。春节拜年时，农村人总要带几十个小糍粑和一对大糍粑访亲拜友。现在，糯米粑已成为商品，一年四季在墟场上都可以买到洁白而圆的糍粑。

叶子粑。叶子粑一般是城乡群众的节日食品，历史悠久，最初于中秋、重阳两个节日食用，有喜庆丰收之意。后来逢年过节也会食用。叶子粑的主要原料为糯米、黏米、白蒿，制作时将米磨成粉末，拌水揉糯，用手制成一个一个椭圆形，包上各种馅儿（可包盐菜肉丁、辣子豆腐、黄豆粉糖、红白糖等），然后用桐树叶或芭蕉叶包好蒸熟，故称“叶子粑”。叶子粑具有色泽嫩绿、味道香甜等特点。

五、名优特产

凤凰的特产有丰富的农业、工业、矿产业产品和野生动物特产品，其中有的产品闻名中外。

凤凰红晒烟。又称晾晒烟、草烟、拐子烟，是1986年评出的全国十大名晒烟之一。红晒烟在凤凰的栽培已有四百多年的历史，以质优味纯、香气浓郁著称。红晒烟主要有大花、小花、花青、柳叶、旋烟等9个品种，盛产于凤凰东、北部地区。

罐罐菌。又名荞巴菌、猫儿菌，属真菌类，主要产于凤凰西北部的腊尔山台地，是凤凰著名的土特产，产品远销国内外。罐罐菌性喜温凉湿润，多生长于松树、茶树杂生的草丛中，表面有灰白、黄褐、黑色和褐色等多种颜色，晒干后均呈黑色，色泽光亮为佳品。每年农历六七月份为罐罐菌的生长期，采回洗净晒干，煮食味鲜且香，是肴中珍品。

朱砂。旧称丹砂，凤凰的朱砂矿发现已有1 000多年，开采也有400多年，自古以来远销国内外。目前在茶田、茨岩一带有开采。朱砂矿物结晶奇特，单晶为菱面体，双晶常呈矛状穿插。有金刚光泽或金属光泽，鲜红色，半透明，性脆，完好的朱砂还是一种宝石，人称朱宝砂。朱砂的有用元素是汞，人称水银。汞是自然界唯一的液态金属，它多用于化工、仪表、医药、工艺美术等方面。据地质学家证明，凤凰富集有巨大的朱砂矿田，被中外科学家列为环太平洋朱砂富集矿带。

菌油。其原料是松菌和茶油（菜油）两种。从坡上刚摘下来的新鲜菌子，洗净，每条掰成三至四小块，在热锅里焙干水汽。将所备茶油或菜油放入铁锅，油到七八成热时，将菌块放入热炸，炸到一定程度后，放些花椒佐料后捞出，装入罐中封存即可，随取随用。菌油主要用做面条或米粉的拌油，食之异常美味，浓香扑鼻，是馈赠的佳品。

姜糖。是凤凰传统的保健食品，制作始于清朝年间，主要以生姜和白糖为原料配方，采用民间工艺精制而成，其味甜中带辣，色泽金黄诱人，进口香脆，且具有驱寒散热、润肺暖胃、化痰止咳的功效，是正宗的地方特产。

家酿白酒。凤凰小吃中，饮品最具凤凰人豪爽、热情的特性。玉米酿制的苗家苞谷烧酒，入口劲足，口味醇香浓郁；糯米酿造的糯米白酒，度数不高，但甜中藏烈、醇而不软，后劲十足。苞谷烧酒常用于亲朋聚会时开怀畅饮，糯米白酒则多供悠闲之士细斟慢酌。

六、戏剧舞蹈

傩戏。又称傩堂戏，是从苗族祭祖还愿的词曲中衍生而成的一个地方戏种。傩戏历史悠久,可追溯到远古“万物有灵”观念产生时期。苗族先民“信鬼不信神”，认为人的灵魂不灭，祖先死后灵魂仍在，可以保佑子孙后代。因此，苗民往往祈求祖先，助其实现心愿，一旦酬愿便要祭祀祖先，俗称“还傩愿”。还傩愿主要是由苗巫师主持，跳傩时配以唱、念及动作，仪式非常严肃。明末清初，民间艺人开始将“还傩愿”的部分内容整理、加工、完善后搬上舞台，便成了傩戏。因此说，傩戏是从庄严的祭祖仪式中衍生而来的一种独具特色的地方曲目。傩戏没有管弦乐，但有节奏明快的锣鼓伴奏，曲调流畅悦耳，剧情风趣诙谐，更具有浓郁神秘的楚巫文化色彩，深受当地群众喜爱。傩戏有“土、俗、纯、细”的特点。“土”与“俗”集中表现在戏曲内容的地方特色，富有自然古朴之美；“纯”与“细”则表现在剧情构架单纯细腻，来源于生活又高于生活，富有艺术哲思之妙。傩戏目前最流行的是“两大腔十二大调”。两大腔分别是“傩堂腔”和“高台腔”，其中，“傩堂腔”包括“开山调”“先锋调”“师娘调”“搬算匠调”“童儿调”等五大调；“高台腔”包括“姜郎调”“姜女调”“庞氏调”“白望调”“表堂调”“卷子调”“安安调”等七大调。“傩堂腔”与“高台腔”各有特点。

“傩堂腔”具有浓厚的祭祖还愿色彩，唱腔古老原始，“高台腔”则注重表达人间的喜怒哀乐，对真情刻画逼真，悲哀处催人泪下，欢乐处令人击掌称快。凤凰傩堂戏内容丰富，剧目繁多。按类别分，大致可分两大类，第一是始祖戏，第二是正本戏。始祖戏代表剧目有《天仙送子》《长旗先锋》《搬土地》《搬算匠》《搬童儿》《白望送娘》《开山砍五路财》等，正本戏代表剧目有《庵堂会》《安安送米》《芦林会》《池塘会》《金桥会》《楼台会》《捡田螺》《王二编筐》《擂焦锤》《庞女氏》《八仙调》《东江别》等。

苗族鼓舞。苗族鼓舞源远流长。《红苗归流图》所附文字中，就有苗族“跳而击之”的鼓舞记载。这说明，苗族鼓舞起码在明清时代已经盛行。凤凰苗族鼓舞，大体上可分为猴儿鼓和花鼓两大类。猴儿鼓是娱乐者模拟猴子的动作翩翩起舞，其动作诙谐，难度大，舞得好的人不多；花鼓异常柔美，异常抒情，具有很强的观赏性，在凤凰腊尔山、山江、麻冲、落潮井一带苗区十分流行。打花鼓（即花鼓舞）一般是两个人，但也有四人、八人的，另外还有一个站在鼓旁敲击鼓梆，控制舞蹈节奏的，也就是敲边鼓。花鼓的基本功有三：一是手功，二是腰技，三是步法。步法有快三步慢三步两种，步频是否踩到点子上，直接关系到花鼓的“套路”，因此至关重要。花鼓分梳头鼓和摆手鼓两种。梳头鼓是男鼓舞，两位男性舞者，根据鼓梆的敲击节奏，选择“快三”或“慢三”步伐，灵活地扭动腰肢，拿鼓棒的两手一边敲击鼓面一边做出各种优美动作，鼓点明快，动作粗犷；摆手鼓是女鼓舞，女性舞者在敲击鼓面的同时，做出鸡啄米、栽田打谷等动作，鼓点较慢，动作柔美。打花鼓是凤凰苗族十分喜爱的一种娱乐方式。善打花鼓者其手、腰、步配合默契，动作流畅，舞姿柔美，对舞者或旁观者，都是一种艺术享受。

阳戏。凤凰阳戏创始于清朝乾隆年间，是湘西具有很大影响的地方剧种。凤凰阳戏最初来源于民间流行的民族歌舞、说唱表演艺术。到清道光年间，阳戏发展成“二小阳戏”，有小丑、小旦两种角色，剧情非常简单，小丑发型类似“冲天钻”，鼻画“蛤蟆图”，以轻快、俏皮、风趣著称；小旦则男扮女装，妆饰妩媚娇艳，以活泼、俏丽、风韵驰名。到清咸丰年间，阳戏进一步发展成为“三小阳戏”，有小丑、小旦、小生三种角色，表演开始形成固定剧目，技艺明显提高。到清同治年间，阳戏开始使用服装、道具，并形成更复杂的折子戏剧种。到清光绪年间，阳戏已基本成型，并流行于整个湘、鄂、川、黔边区。凤凰阳戏角色齐全，套路完整，有老生、正生、小生等“三生”，有老旦、正旦、小旦等“三旦”，有小丑、大花脸或三花脸等“净”角，服装、道具齐全。凤凰阳戏词曲通俗易懂，唱腔节奏明快，剧情诙谐有趣，充分表现了凤凰的风土人情，深刻展示了粗犷朴质的民族风格，极富艺术感染力，深受广大群众的喜爱。凤凰阳戏剧目甚多，内容非常丰富。目前最流行的主要有《嫁嫂失妻》《收租抢亲》《上天梯》《捡菌子》《打猪草》《盘花》《江边洗》《丁狗八讲书》《化子盘学》《磨盘山》《三仙传道》等剧目。

茶灯戏。茶灯戏，是发源于古民间小调、劳动山歌、灯舞等传统曲目的凤凰小型歌舞戏种。凤凰茶灯戏大约出现在十八世纪，以表现劳动者欢庆丰收、赞美生活、歌颂爱情为主要内容，具有强烈的时代气息和鲜明的地方民族色彩。茶灯戏都是喜剧，剧情夸张、幽默、风趣、简练。凤凰茶灯戏目前有两大流派：文茶灯和武茶灯。文茶灯文戏贯穿始终，武茶灯有不少武打场面。文茶灯主要流行于凤凰的东部和北部地区，武茶灯则流行于凤凰南部地区。凤凰茶灯作为小型歌舞剧，特点在“小”。演员有二人、四人，最多不过十二人。人数虽不多，但演员舞姿妩媚娇艳，着装讲究，色彩非常艳丽，加之表演轻松活泼，语言通俗易懂，曲调优美动听，深受观众欢迎。凤凰茶灯有丰富的传统剧目，著名的有《掐菜苔》《夫妻观灯》《小放牛》《蚌壳舞》《十二月采花》《十二月绣花》《四季花儿开》，等等。

七、民间工艺

苗族服饰。苗族是一个古老的民族。凤凰苗族服装喜欢使用五颜六色的布料。男装以皂黑色为主，亦有家织条纹花色或浅蓝色。青壮年多穿对襟，老年多为满襟，衣紧袖短，裤短而大，裹脚束腰，头上往往戴青色或花条纹头帕。苗服最具特色的是女装。女装衣裤较宽大，胸襟、袖头、衣边、裤脚皆绣有精巧花边，五彩斑斓。出门时，头上戴着青丝帕，身上穿着滚边绣花无领满襟，滚边绣花裤；头帕和上衣缀满银饰，有银帽、银凤冠、银项圈、银手镯、银戒指、银牙钎、银挂链、银腰带等，雍容华贵，落落大方。山江女装，衣着色彩鲜丽，银饰造型精美，是苗族女装中的精品。

苗族银饰。苗族银饰是苗族妇女喜爱的传统装饰品，并因其种类繁多、造型精美而形成了一种极具审美、欣赏和研究价值的“银饰文化”。苗族银饰种类繁多，但从佩戴部位上划分，大体可分为头饰、胸饰、背饰三大类。头饰有银帽、银盆、凤冠、苏山、髻簪、耳环、项圈等；胸饰有胸链、针筒、围腰棋盘，外加手镯、戒指等；背饰有披肩、腰链等。苗族银饰大多保留着原始的韵味，许多造型反映了苗族人民在社会历史演进的各个特定阶段的信仰追求和生活习俗。

蜡染。蜡染是我国古代三大印花技艺之一。凤凰蜡染历史悠久，源远流长，纯朴典雅，给人一种自然纯净的艺术感。它纹样光洁清晰，色调清新高雅，文化内涵丰富，民族风格浓郁，是凤凰民族民间工艺品中的精品。凤凰蜡染制作讲究，工艺程序复杂，从编织到成布、从用料到浸染，前后要经过点蜡、染色、去蜡、漂洗、晾干、整理等十多道工序。蜡染印花布可以根据需要设计，制成壁挂、屏风、被面、桌罩、衣物等，成品独具特色，具有鲜明的民族风格和浓郁的民族韵味。

苗家刺绣。苗族刺绣成品是苗族女子衣着、小孩鞋帽、苗家被面、帐檐的装饰品。近代也有绣成壁挂、屏风的。其种类很多，从色彩上分，大体上可分为单色绣和彩色绣两种。单色绣以青线为主，刺绣手法比较单一，其作品典雅凝重，朴素大方。彩色绣用七彩丝线绣成，刺绣手法比较复杂，或平绣或盘绣或挑绣，多以自然界中的花鸟虫鱼或龙凤麒麟为题材，刺绣成品色彩斑斓，状物栩栩如生。

苗族剪纸。苗族剪纸是苗族刺绣的底样，多为即兴作品。一般是剪纸艺人采用剪、扎、挑手法在纸上随意创作花鸟虫鱼或龙凤麒麟，构图反映了苗族自然崇拜和图腾崇拜的心理。苗族剪纸画面造型生动，线条自然流畅，具有较高的艺术品位。

纸扎。纸扎是我国民间古老的传统手工技艺。凤凰的纸扎技艺精湛，传承久远，自唐垂拱二年（公元 686 年）凤凰地域初始建县（渭阳县）就有纸扎艺人，沿袭至今已有一千三百多年的历史。纸扎艺术主要用于民族民间节日喜庆、祭祈庆典。纸扎工艺的主要原材料是竹块、篾条、木棍，用它们扎成各种人物、动物、花草、虫鱼等形象，糊以皮纸，施加彩绘，形象逼真，惟妙惟肖。古城纸扎传承人聂方俊，被联合国教科文组织授予“民间工艺大师”。

印染。印染的形成始于春秋战国时代，盛行于先秦与西汉时期，距今已有两千多年历史。凤凰印染蓝印花布的工艺历史悠久、源远流长，通常分为两大类：纯蓝印花布、彩蓝印花布。纯蓝印花布布面是素净的，没有花纹图案，一般用于衣服、头帕、裹脚的布料；彩蓝印花布布面有复杂的花纹图案，制作十分复杂，一般用于被面、垫单、帐檐、巴裙、围腰、门帘、桌布、围布等，显得十分高贵上乘，也是艺术欣赏、收藏及研究的佳品。蓝印花布不管是纯蓝还是彩蓝，制作工艺流程都是十分复杂的。著名画家黄永玉先生独自创造了一种新的印染品种，并且也加入了凤凰刘氏家族蓝印花布品种项目大系，颇受广大民间群众欢迎。古城蓝印花布传承人刘大炮也被联合国教科文组织授予“民间工艺大师”。

苗家花带。是苗族妇女一种精致的装饰品，也是苗家人赠送客人的珍贵礼品。苗家花带的构图多取材于自然界的花草虫鱼和古老传说，寓意吉祥的动物及其他图案，新颖别致，独具一格。花带颜色鲜艳亮丽，编织技术精湛细密，可作围裙带、腰带等使用。

第四节　风景独秀

一、古城览胜

凤凰古城保护区占地面积 1.8 平方公里，是一个保存相当完整的古城。古城五寨司时为土城，明嘉靖三十五年（1556 年）改建为砖城，开设四门，并各建城楼。清康熙三十九年（1700 年）建厅后，镇、道大员移驻于此，康熙五十四年（1715 年）改砖城为石城。随着官宦商贾的纷至沓来，人们在南华山下，沿沱江和小溪河相继建造了一大批以民居为主的建筑，形成了完整的山城风貌。

从历史价值看，凤凰古城是明清时期封建统治阶级镇守湘、黔、川、鄂边区的一个重要的政治、军事中心，是中国南方长城——苗疆边墙的一个指挥枢纽。它浓缩了明清以来封建王朝对“边疆”少数民族进行军事、政治、经济、文化、意识形态全方位经略的“开辟”史，是研究历代封建王朝特别是明清以来中原王朝与西南少数民族关系问题和研究晚清民初军事制度、政治制度、文化制度、民族关系问题的“标本”。

从文化价值看，它是少数民族多元文化融汇整合的“活化石”。它积淀和张扬了楚文化民间一支的因子，形成极具张力与活力的独特的人文精神。其人文精神最突出地体现在楚人浪漫情绪与近代军事的融合上，而且在老凤凰人的身上随时体现出一种游侠、浪漫精神，形成了沈从文及有关研究者所说的古怪的“凤凰人现象”。具体而言，“凤凰人”里文人的一支形成了熊希龄、沈从文、黄永玉为代表的政治家、作家和画家；军人的一支则成为历史上知名的“筸（gān）军”，从太平天国、鸦片战争、辛亥革命、护国护法、几次国内革命战争、抗日战争、解放战争都有“筸军”较大规模的参与。

从建筑景观看，古城的选址、城防的设置、街道的规划布局，除了具有鲜明的军事特征外，更具有层次丰富的民间特色，各式各类建筑巧妙借用山水，别具一格。有构造恢宏、精雕细刻的官宅、祠庙；有设计简朴、保留了当地古老风格的穿斗式木房；有因陋就简、因势而造的临河吊脚楼群。古城内自然景观、人工建筑和人文环境和谐统一，极具天人合一的建筑奥妙。

沈从文故居。世人知道凤凰、了解凤凰，是从沈从文开始的。1902 年 12 月 28 日，我国著名作家、历史学家、考古学家沈从文先生出生在凤凰古城中营街的一座古四合院里。四合院是沈从文先生曾任清朝贵州提督的祖父沈宏富于同治五年（1866 年）购买旧民宅拆除后兴建的，是一座火砖封砌的平房建筑。四合院分前后两进，中有方块红石铺成的天井，两边是厢房，大小共 11 间。房屋系穿斗式木结构建筑，采用一斗一眼合子墙封砌。马头墙装饰的鳌头、镂花的门窗，小巧别致，古色古香。整座建筑具有浓郁的湘西明清建筑特色。

沈从文先生深深爱着凤凰这座山城，爱着穿城而过的沱江，1982 年还曾偕夫人张兆和返乡看望凤凰父老乡亲。他时刻关心凤凰的建设和发展，多次捐赠钱物帮助家乡发展文化教育事业，受到凤凰人民的普遍尊崇和敬仰。

沈从文故居于1991年被列为省级重点文物保护单位，并拨款进行了整修。故居现陈列有沈老的遗墨、遗稿、遗物和遗像，成为凤凰最吸引人的人文景观之一，每天来瞻仰者络绎不绝。

熊希龄故居。熊希龄故居在古城北文星街的一个小巷里，东去不足200米便是秀丽的沱江。故居总占地面积800平方米，是一座由堂屋、卧室、厢房组成的平房建筑。出堂屋正门有一小天井，厢房数间环之。门、窗为木结构，其上或雕花或绘图案，造型大方，做工精美。房屋不大，但结构精巧，封闭而不死，敞放而不乱，是典型的苗族古代建筑格式，极富苗族情调。

熊希龄一生忧国爱民，一身正气。1937年逝世于香港，逝世时库无钱银，身无长物，丧葬全凭毛夫人借贷。逝世后暂葬香港，1991年迁至北京香山熊氏墓园。

虹桥。原名卧虹桥，建于清康熙九年（1670年），民国三年重修，改名虹桥。桥有2墩3孔，是用本地红条石砌成的石拱桥。桥墩呈船形，不仅美观大方，且能减轻和分解流水冲力。原桥面两侧各建有12间吊脚楼木板房，开设饮食、百货店铺，中间为2米宽人行长廊。廊上方建有屋顶，行走廊中，可闻风吹雨刷之声，但风雨不进，故又称风雨楼。

1955年修吉首至凤凰县城公路时，将桥上建筑物拆除，修成公路桥。1999年底，广东中人集团出资，历时一年，修复了虹桥风雨楼，桥两边仍作为店铺，专卖文化旅游用品，楼上陈列了国内众多名家的书法雕刻作品，供游人品评欣赏。一走进风雨楼，会使人得到一种高品位的艺术享受，因此，人们又习惯把风雨楼称虹桥艺术楼。

虹桥风雨楼造型独特，雄伟壮观，古朴典雅。登上此楼，能尽情浏览虹桥两边的美丽风光，是凤凰观光必去的一处胜景。

北门城楼。北门城楼本名“壁辉门”，因位于古城北面，俗称北门城楼。北门城楼始建于明朝。凤凰古城元、明时为五寨长官司治所，有土城。明嘉靖年间从麻阳移至镇筸，设参将驻防于此，嘉靖三十五年（1556年）将土城改建为砖城，开设四个大门，各覆以楼。到清朝，古城的军事地位日益重要，先后在这里设凤凰厅、镇筸镇、辰沅永靖兵备道治所，康熙五十四年（1715年）将砖城改建为石城，北门定名为“壁辉门”，一直保存至今。

北门城楼采用本地红砂条石筑砌，精钻细琢，做工考究。城门呈半月拱，两扇大门由铁皮包裹，圆头大铁钉密铆其上。城楼用青砖砌筑，重檐歇山顶，穿斗式木结构，石座卷顶。城楼对外一面有开枪眼两层，每层4个，能控制、防御城门外一百八十度平面的范围。

北门城楼与东门城楼之间城墙相连，前临清澈的沱江，既有军事防御作用，又有城市防洪功能，形成古城一道坚固的屏障。壁辉门虽几经战火，仍巍峨耸立于沱江河岸。门外三五米便是滚滚沱江，城楼的峻伟、大河的犷放交织在一起，形成一种独特的气势。这气势为影视名家所推崇，已有《湘西剿匪记》《乌龙山剿匪记》《边城》《血鼓》等数十部影视剧在这里拍摄。

东门城楼。东门城楼位于城东，紧靠沱江，又名“升恒门”，为凤凰古城四大城门之一。东门城楼始建于清康熙五十四年（1715年），城门下部用紫红砂岩砌成，上部城楼则用古砖砌筑，左右与古城墙相连。

城门宽3.5米，高4米，呈半圆拱，两扇城门都用铁皮包裹，用圆头铁钉密钉，牢实坚固。城楼高11米，大门上方有枪眼8孔。歇山屋顶，覆以腰檐，飞檐翘角，精美壮观。

杨家祠堂。杨家祠堂座落在县城东北部的古城墙边。太子少保、果勇侯、镇筸总兵杨芳捐资修建于清道光十六年（1836年）。

祠堂由大门、戏台、过亭、廊房、正厅、厢房组成，是典型的四合院建筑，占地770平方米。戏台为单檐歇山顶，穿斗式结构，高16米，面阔7米，进深8米；檐下斗拱如玉，台柱雕龙刻凤。正殿为抬梁式建筑，山墙为猫背拱，分为一明二暗三间。两边配有厢房。杨家祠堂设计精巧，做工精细。窗户、门、檐饰件均系镂空雕花，整体建筑具有鲜明的民族特色和很高的建筑艺术价值。

万寿宫。万寿宫座落在风景秀丽的东门外沙湾，背靠东岭，面瞰沱江，崇垣危阁掩映在奇山秀水之间，构成一幅绝妙的天然图画。万寿宫始建于明末清初，规模建筑于清乾隆二十年（1755年）。咸丰四年（1854年）江西人杨泗在西侧建遐昌阁，民国十七年（1928年）乡贤筹资又在大门北侧建阳楼。至此，万寿宫形成建筑规模宏大、设计精巧独特、雕琢玲珑剔透的建筑群落。

紧靠大门与高大门楼连为一体的，北有阳楼，西有遐昌阁。大门内9级台阶之上凌空矗立正厅，而后是正殿。正殿右侧有肖公殿、晏公殿、财神殿以及厨房、斋房；左侧有梅廊、天符、雷祖殿、轩辕、韦陀、观音殿及客厅。4000多平方米内矗立殿宇、房舍20余间，或飞檐翘角，或回廊游转，或卧龙啸空，或奇兽驰地，简直是殿宇楼台荟萃的建筑艺术大观。

民国二十一年（1932年），陈渠珍在万寿宫开办湘西农村银行的印钞工厂，后又设立过“凤、麻、泸三县剿匪指挥部”，还在此办过织布厂，设过小学。建国后在此设过粮店。

迴龙阁吊脚楼。迴龙阁吊脚楼群座落在古城东南的迴龙阁，前临古官道，后悬于沱江之上，是凤凰古城具有浓郁苗族建筑特色的古建筑群之一。该吊脚楼群全长240米，属清朝和民国初期的建筑，如今还居住着十几户人家。

吊脚楼群的吊脚楼均分上下两层，俱属五柱六挂或五柱八挂的穿斗式木结构，具有鲜明的随地而建特点。吊脚楼上层宽大，制作工艺复杂，做工精细考究，屋顶歇山起翘，有雕花栏杆及门窗；下层占地很不规则，不作正式房间，但木质下吊部分均精雕细刻，有金瓜或各类兽头、花卉图样，上下穿枋承挑悬出的走廊或房间，使之垂悬于河道之上，形成一道独特的风景。

吊脚楼建筑通风防潮，避暑御寒，是苗族独特的建筑工艺，具有很高的工艺审美和文物研究价值。

朝阳宫。又名陈氏宗祠，是凤凰保存最完整的一座宗祠。朝阳宫位于古城北侧，建于1915年，由“湘西王”陈渠珍之兄陈炳、陈开藩发动族人捐资所建，占地540平方米。进入大门往里走，可见一座木楼式古戏台，台二侧圆柱上悬挂一副对联：“数尺地方可家可国可天下；千秋人物有贤有愚有神仙”，横批“观古鉴今”，贴切而耐人寻味。戏台前是天进，用红色石块铺成，可容纳近百人。正北为扇形台阶，阶上为正殿，正殿左右两边各建二层包厢，古时多在此演出古典戏曲、阳戏、傩堂戏、辰河高腔等，现为凤凰县地方艺术家笔会场所。

陈宝箴世家（凤凰博物馆）。共占地2 696平方米，由56间房舍、26个回廊、28面马头墙、386扇古雕花门窗组成，明前清凤凰厅道台衙门的组成部分，也是辰沅永靖兵备道道台陈宝箴在凤凰的居所。陈宝箴世家一门四代、五杰在《辞海》里占了五个独立词条，主要成员有近代改革家、湖南第一师范创办人陈宝箴，近代诗坛泰斗陈三立，近现代著名画家陈师曾，著名诗人陈隆恪，一代史学宗师陈寅恪，著名编辑、诗人陈方恪，著名词人陈登恪，植物园学家陈封怀等十余人。古城博物馆展出众多地方珍贵文物和民间工艺品。陈宝箴世家、古城博物馆相得益彰，有机联系，形成了四水归堂、家中有家、馆中有馆、家中藏洞、鸟语花香、庭院深深的幽然境界，大宅院本身就是一幅立体的博物画卷。

崇德堂。于1884年由江西丰城人裴守禄修建，建筑规矩雅致，是一座典型的南方四合院，总面积622平方米，上下两层建筑，起居待客的公共区域与主人卧室等私人区域合理划分。一层主要展示的是主人收集的石雕、木雕以及会客厅和后花园，第二层展示的是主人与家属的住房。

沈从文墓地。沈从文墓地前临清澈亮丽的沱江，背靠风景秀丽的听涛山，四季鸟语花香、风光如画。

沈从文墓地所在地，原名“杜母园”，系清代曾任钦差大臣、云贵提督的凤凰籍苗族人士田兴恕为孝敬其母杜氏修建的花园。通往花园的石道是明清遗迹，是当时凤凰古城“东下辰沅，西进黔川”的唯一通道，古称“官道”。清道光十七年（公元1837年），湖广总督林则徐就曾沿着这条古石道到凤凰视察。

1911年11月，民国大总统黎元洪得知凤凰辛亥革命成功的消息后，欣然题写了“兴废周知”四个大字，镌刻在这里的山崖石壁上。沈老逝世后，经家乡人民的请求，沈夫人张兆和遵沈老遗愿，在沈老逝世四周年的祭日，即1992年5月10日，将其骨灰归葬于此。

沈从文墓冢别具一格。没有凸起的坟土，没有华丽的装饰，没有人工雕刻的痕迹。一块从墓穴后凿取来的不规则的天然五色巨石肃然矗立，成为沈从文墓独特的标志。这块五色巨石高1.9米，重6吨多，前面临摹沈从文手迹，刻有沈老富有哲理的语句：“照我思索，能理解我；照我思索，可认识人。”背面刻有沈从文姨妹、美国耶鲁大学教授张充和先生撰书，沈从文侄女婿、中央美术学院著名雕塑家刘焕素教授镌刻的挽联：“不折不从，星斗其文；亦慈亦让，赤子其人。”这四句话的最后一个字连起来是“从文让人”，这是沈老一生的真实写照。听其言、观其行、读其文，就能找到沈从文之所以能长久地受到人们敬仰，得到众多文人骚客祭拜的答案。

二、边关撷萃

中国南方长城，史称“苗疆边墙”或“万里墙”，始建于明代，是明清统治者“开疆拓土”和镇压苗民起义的产物。2000 年 4 月 22 日，国家文物局古建筑专家组组长、中国长城学会副会长、国家历史文化名城专家委员会副主任罗哲文教授亲临现场考察、认定“苗疆边墙”就是中国南方长城后，引起了强烈的反响。一时间，车如流、人如潮，纷纷涌向苗疆边地，领略南长城风采。

中国南方长城没有让游览者失望：虽然历尽沧桑，仍断墙盘曲，古堡雄峙，英姿傲然。站在山头的雕卡之上，放眼这盘缠冷峻的长城，遥想“苗疆边墙”的历史，往往会产生一种悲壮，产生一种揭开“边墙”神秘的欲望……

苗疆边墙的历史成因。朱元璋建立明朝后，培植新贵族地主势力，倒算农民土地，加之租赋和徭役剥削，导致全国各地的农民起义此起彼伏，不断发生。尤其是明朝的中后期，政治腐败，宦官擅权，土地集中，各族人民所受压迫加重，同时，明统治者还不断派兵对西南和其他少数民族地区征讨清剿，致使农民起义风起云涌，苗民的反抗斗争更加频繁，规模也越来越大。据记载，自宣德五年（1430 年）至崇祯十七年（1644 年）的 200 余年间，仅大规模的苗民起义竟达三百余起，覆盖湖南西南地区各县和相邻的贵州省大部分地区。

苗族人民不屈不挠的反抗斗争，使明朝统治者大为震惊。明统治者除调集官兵剿杀外，还积极构建军事防御体系。宣德年间，都督肖授筑湾溪等二十四堡，“留官兵七千八百有奇”“环其地守之”，对处在湘、黔、川三省交界地区之中心而屡屡发生苗民起义的腊尔山“生苗”区开始形成圈围之势。至嘉靖年间，总督张岳在镇压腊尔山苗民起义后，又“疏罢湾溪等堡，更设哨所凡十有三”，围绕腊尔山苗区边沿，由西而东而北筑建，构成了对腊尔山地区的一个弧形防线。万历四十三年（1615 年），湖广参政蔡复一“亲历边疆，度其险阻，力陈营哨罗布，苗路崎岖，难以遏其窥觑，请金四万有奇，筑沿边土墙。上自铜仁，下至保靖，迤山亘水，凡三百里”，蔡复一筑的“沿边土墙”是在肖授的“二十四堡”和张岳的“凡十有三”哨所的基础上筑建的，这就是史称的苗疆边墙，以边墙为界，划分“生苗”和“熟苗”，“边墙”之外的苗民称为“生苗’，之内的苗民称为“熟苗”。

崇祯十七年（1644 年），满族贵族夺取农民起义果实，建立清王朝时，“边墙”大部分已被苗民摧毁。清康熙中叶以后，随着封建地主统治的发展和大批汉人官兵的涌入，苗族地区的土地兼并和阶级分化加剧，民族矛盾和阶级矛盾空前激化。改土归流后的一百多年间，小规模的苗民起义不断发生，还连续发生了雍乾、乾嘉、咸同三次苗民大起义。连续不断的苗民起义，给清统治势力以重创。乾嘉起义后，清朝统治者在湘西苗族地区实行了一套“防苗”“安边”政策，建立较完备的所谓“苗防屯政”体制，凤凰厅同知傅鼐具体提出“修边”措施。嘉庆二年（1797 年），傅鼐与镇竿镇总兵富志那在凤凰境内沿明边墙陈迹修筑石质“边墙”、碉堡、哨卡并延至乾州、永绥、保靖、古丈坪诸厅县，完成了“苗疆边墙”以石质为主的修复工程，就是今天我们说的“南方长城”。

苗疆边墙西南起自凤凰县亭子关，东北向贯穿凤凰，过乾州延至保靖县喜鹊营（现属吉首市），逶迤三百八十余里。这一神秘的建筑遗存群，是明清封建统治者对以腊尔山苗区为中心的大片“生苗”区实施军事封锁的隔离政策的产物。

苗疆边墙的修筑始末。苗疆边墙是明清王朝统治者用以划分“生苗”和“熟苗”、隔离“生苗”和“熟苗”的一道人造屏障。是明清封建统治者在对以腊尔山为中心的大片“生苗”区连年征剿杀戮，而苗民反抗之火却愈烧愈烈的情况下，精心构筑的一条军事封锁线。散居在“苗疆”外的苗族人民被封建统治者诬为“生苗”。明王朝统治者所指的“苗疆”，清俞益谟的《苗源说》有比较具体的记载：“北至永顺、保靖土司，南至麻阳县界，东至辰州府界，西至平荣、平头、酉阳土司，西南至铜仁府，经三百里许，纬一百二十里许，周可千二百里许。”据此可说，苗疆边墙封锁的“生苗”区是指不仅仅是腊尔山苗区或腊尔山台地，而是指湘西北、黔东北的大片地区。

我们现在说的“南方长城”，严格来说应该是始于明朝而成于清朝。明朝完成的是土石混杂的“苗疆边墙”，后被苗民起义摧毁。清朝统治者在明“苗疆边墙”的陈迹上修复，这便是今日之“苗疆边墙”。

明修复“苗疆边墙”实际上可分为两个阶段。明宣德年间都督肖授筑湾溪（今属吉首）等二十四堡，并“留兵七千八百有奇”“环其地守之”，对以腊尔山苗区为中心的“生苗”区开始形成圈围形势。至嘉靖年间，张岳又“疏罢湾溪等堡，更设哨所凡十有三”，围绕腊尔山苗区边沿以堡、哨呼应形式修筑了一道弧形防线。但肖授、张岳的堡、哨连成的弧形防线还不能谓之为“墙”。真正成其为墙的，应该是万历四十三年（1615 年）湖广参政蔡复一“亲历边疆，度其险阻，力陈营哨罗布，苗路崎岖，难以遏其窥觎，请金四万有奇，筑沿边土墙”的土墙。这就是明“苗疆边墙”。

修复“苗疆边墙”是蔡复一筑“沿边土墙”一百八十余年以后的事。清统一全国后，明边墙已被起义苗民摧毁，康熙中叶后，苗族地区的土地兼并和阶级矛盾加剧，苗民起义风起云涌，于是凤凰厅同知傅鼐提出“修边”之议，并于嘉庆二年（1797 年）与镇竿镇总兵富志那一道在凤凰厅境内修筑“边墙”、碉堡、哨卡。后延至乾州、永绥、保靖、古丈坪诸厅县。共修复明”边墙“三百八十余华里，建讯堡、屯卡、碉楼、炮台、关厢、关门一千一百七十六座。时至今日，傅鼐指挥修复的“边墙”，大部分已遭破坏，但我们仍然可从残存的段落中想象出当年“苗疆边墙”的伟岸与雄奇。

苗疆边墙的历史遗存。中国南方长城“苗疆边墙”南起凤凰黄合亭子关，北至吉首喜鹊营，蜿蜒 380 余里。由于历史的演递，社会的变迁，苗疆边墙的遗存备受世人关注。据文物管理部门的考察统计，目前，苗疆边墙尚有土、石或土石混合边墙 85 段 13 185 米，其他各类遗存 506 处，主要是古城址 3 座。具体是苗疆边墙的指挥枢纽“凤凰古城”，苗疆边墙的军事重镇“乾州古城”，这两座古城均属石城，其中“凤凰古城”保存完好。还有一座是深入苗区的御苗重镇“卫城”，现称“吉卫”。“卫成”是土筑城墙，始建于宋代，官兵在不断遭到苗族人民袭击，截取其粮草弹药车辆后，于清嘉庆七年（公元 1802 年）撤出“卫城”并迁至今花垣县城，卫城土城墙得到较好保存。

除以上 3 座古城址外，目前，还有古城堡 10 座，均系石城，多设于重要关口、要塞，一般设 2 至 4 个城门，面积在 5 000 ～ 20 000 平方米左右，住户在 50 ～ 100 户左右；有古屯堡 130 座，均设于关口高地；碉堡 311 座；关门 1 座；古堡寨 4 座。

遗存的边墙 85 段 13 185 米中，石砌边墙多保存在凤凰黄合、阿拉营、廖家桥等乡镇，总长达 5 840 米；土筑边墙有 7 290 米，基宽 2.6 ～ 3 米，残高 0.6 ～ 2.4 米；土石混合边墙遗存 55 米，残高 0.4 ～ 1.2 米，基宽 1.2 ～ 1.6 米，主要遗存于凤凰吉信、三拱桥等乡镇境内。

三、郊外采珍

湘西多山，凤凰尤甚。凤凰地处云贵高原东侧的武陵山脉与沅（陵）麻（阳）盆地交接地带，地质结构复杂，山峰高峻，洞穴交错。山头上古树参天，洞穴中怪石嶙峋，形成了一道山的风景。

高山有好水。凤凰水系属长江水系。境内，北有乌巢河，南有龙塘河，还有大小支流150余条。山高峻，河流落差大，更有中途穿山十数里后突然喷涌而出的瀑布，形成一处处瀑布奇观。

奇山异水组成了一幅迷人的山水画。置身画中，其乐无穷，其趣无穷!

奇梁洞。座落在凤凰古城东北向的齐梁桥乡，距古城5公里。奇梁洞洞长6 200多米，一股溪流穿洞而过，注入沱江。奇梁洞地区的主要基石为石灰岩。几十万年的风腐水蚀，形成了奇梁洞奇观。洞口高56米，阔32米，洞内怪石嶙峋，拟景拟物，惟妙惟肖。

奇梁洞以“奇、秀、幽、峻、险”几大特色著称。世界著名地质学家B.D埃德曼考察了奇梁洞后也认为这是世界上罕见的最美的溶洞。奇梁洞内有溪水穿越而过，洞口气势磅礴，洞中有山，山中有洞，洞洞相通。它集奇岩巧石、流泉瀑布于一洞，千姿百态的石笋、石柱、石钟乳林立，响声清脆洪亮，余韵袅袅，令人叹为观止。洞内景区有古战场、画廊、天堂、龙宫等，俨然一个奇瑰无比的水底世界。游人有两条路可走，一是旱路，一是坐船走水路，不管怎么走，此处皆“别有洞天”。

三潭书院。三潭书院在县城东北部的吉信镇（古称得胜营）境内，距县城22公里。清同治十三年（1874年），贵州黔东兵备道吴自发（别号诚斋）回乡探亲（吴系得胜营人），闲谈中对故乡文化落后的现状深感忧虑，决心在家乡兴办教育、培养人才，提高家乡子弟的文化素质。

清同治末年，清朝廷发放平蛮阵亡士兵抚恤银，吴自发将其中无人领受部分运回凤凰，在得胜营的万溶江三潭（即杨柳潭、罗布潭、漆树潭）之侧的山丘上，修建了一座书院，题名“三潭书院”，并且将修书院剩余的银两为书院购田160亩，作为书院的校产。

1914年，得胜营人民为纪念吴诚斋，将书院改办“存诚学校”。县公署奉令改制后，又在此校内开办了统编的第十小学。于是，“县十小”与“存诚”并立。后由于学生增多，校舍不够，遂增修校舍十余间。学生分为高等与初等两部。老师的工资，学生的书籍、灯油以及贫苦学生的困难补助费，均由校方供给。1937年春，“县十小”与“存诚”以及同地区的县立第二女子小学合并为县立第四小学校，校址仍在三潭书院。1940年，“四小”改为“蔚文乡中心小学”。新中国成立后改称吉信完全小学。

书院主楼巍峨雄峙于山顶，飞檐翘角，雕梁画栋，工艺精美。主楼后是天井，天井周围是画廊曲栏及教室、宿舍。三潭书院建筑前后对称，布局严谨。院内，花木扶疏，幽静雅致；院外，古柏参天，金桂飘香。

三潭书院设立后为凤凰培养了一大批人才，现任清华大学教授的“钢铁博士”、中科院院士肖继美就曾在这里接受启蒙教育。

屯粮山。屯粮山古称武山，位于凤凰古城以北，腊尔山高原台地以东，三拱桥、大田、禾库三个乡（镇）的交界处，距凤凰县城47公里，是驰名中外的苗山胜景区，有名的电影、电视剧外景拍摄基地。

据《凤凰厅志》记载，早在夏商殷周之前，凤凰即为“武山苗蛮”之地。1931年出版的臧励和的《中国古今地名大辞典》对此有明确的指称：“武山，在湖南乾城县西三十余里，武溪所自出。”北魏郦道元在《水经·沅水注》中也指出“武山”是沅水源流之一“武溪”（今吉首境内）的发源地。南宋祝穆《方舆胜览》也明文记载：“武山，在泸溪县西百八十里。”这说明，屯粮山自古就是中国的名山之一。

屯粮山，下起三拱桥乡的麻冲村，上至禾库镇的禾栗坳，垂直高差470米，是一座巨峰迭起的山系。屯粮山山势雄奇，峰峦千姿百态，或石壁如削，或柱石入云，或如雄狮回头，或似神犬护宫，或类象汲深涧，或宛情人对唱，加之高山飞瀑万丈垂练，“盘瓠石室”名震寰宇，令无数墨客骚人登临览胜，众多苗家儿女朝山祭祖，真是“奇山与日月同在，胜景招天下宾朋”。

象鼻山。象鼻山，又名龙门，位于屯粮山系东部，距凤凰县城47公里，是一座独具特色的石头山。

屯粮山东西走向，出禾库向西磅礴而下，到三拱桥麻冲村以东突然打住，形成一道危崖悬空、怪石峥嵘的风景，这便是象鼻山。象鼻山因山南尾峰一洞穿山，山形似象鼻饮涧而得名。象鼻山东面和南面，危崖陡耸，怪石峭立，高数百米。山东北有一瀑布奇观，玉帘高挂，飞悬数百米至涧底汇成洪流，奔腾中穿过象鼻山，飞泻至三拱桥河。

象鼻山是个奇妙的去处。站在三拱桥河边，向南看，看山则见玉柱擎天，奇树悬崖；向东看，看水则见瀑布悬空，飞珠溅玉。更绝的是，一山成象鼻，饮水涧底；一水飞两瀑，景象万千。

盘瓠石室。盘瓠石室，又称盘瓠洞，位于古称“武山”的屯粮山东部边缘，三拱桥乡麻冲村境内。由于“石室中所处险绝，人足迹不至”，如今保存仍很完整。

据传，蚩尤的后代盘瓠英勇神武，在四千五百年前帮助高辛氏（帝喾）打败犬戎，赢得高辛帝的厚爱。高辛帝为笼络人才，遂将小公主辛女嫁盘瓠为妻。盘瓠与辛女公主生有六男六女，被尊为继蚩尤之后苗族最伟大的祖先。

据北魏郦道元《水经·沅水注》、南宋祝穆《方舆胜览》、藏励和《中国古今地名大辞典》等史籍的记载，当时盘瓠与辛女公主就居住在“武山”的“盘瓠洞”中。

盘瓠洞处在高高的“武山”半山上，背西朝东。洞后面岩山直插霄汉，北面辛女崖如劈如削，南边鸽子山陡峭异常，东面悬崖峭壁，险峻非凡。进洞只能从陡峭的鸽子山那边攀爬唯一的羊肠小道而上。

盘瓠洞洞口开阔，宽 8.5 米，高约 16 米。洞口有人砌石墙，有一小门。洞内有三层坪地，第一层坪地宽 3.5 米，深 5 米；第二层坪地比第一层高约 0.8 米，面积大约有 20 多平方米；第三层又比第二层高约 1 米。据分析，第一层坪地当属“客厅”，第二层当为“厨房”，第三层当是“卧室”。景致奇特处集中在第三层平地。登上第三层坪地，迎面有两石并列如犬，其中一犬腹下有尖石，宛如雄犬生殖器；稍后有两个小水槽，常年有清水从洞顶滴落，饮之纯细甘甜。洞之东壁有白色的两鹤交颈石钟乳一座，仙风神韵，栩栩如生；坪地上钟乳遍地，如撒满珍珠玉石，闪闪发光。还有从洞顶沿左右两壁垂下的两幅白色“帷帐”，像是大家闺秀的“内室”。

“内室”完全是一派殷实景象：南有一圆石桌，旁有巨型酒壶，桌上满是杯盘佳肴似的石钟乳。石桌过去 5 米，有一石床，长 3.3 米，宽 2 米，恰似现在的平头床。床边一石插地而立，似鹿茸，旁边一石虎，其态正如啮（niè）鹿一般。环室有石凳，东边有石台，恰如帝王之金銮，应为盘瓠当年商议军机大事之重要处所。

天下第一大石桥。又名乌巢河大桥，飞架于乌巢河深谷之上。桥东是高耸入云的大马山，桥西是直插霄汉的骆驼山，一桥横空东西，天堑变通途。

大桥以青灰色白云岩为石料，采用全空石肋拱式结构修筑，主拱净跨120米，为世界之最。桥长241米，宽8米，高42米，其规模之宏伟，结构之科学，造型之优美，工艺之高超为桥梁行家所推崇。专家认为，“乌巢河大桥开创了公路大石拱桥的新水平”。

天下第一大石桥是凤凰桥梁专家田云跃的杰作。1989年动工,历时一年，1990年竣工通车。大桥架通后，沟通了乌巢河两岸人民的联系。同时，因其地处险要且造型优美，构成了深山苗寨的一大景观。晴明之日，桥上游人如织，在山风徐徐中，玩味远处的奇山异石，领略画图烟景，恍觉蓬州近在咫尺。如游兴未尽，可从桥头缓步下桥至小河边，溯河而上不过百米，便见一单孔小石桥，桥下有流水潺潺，桥边有古碾，水冲石碾，隆隆有声。小桥流水，古碾旋回，另有一番情趣，别是一层洞天。此时朝上而望，下面小石桥，上面大石桥，大石桥下有青山挺秀、白云缭绕，神手丹青也未必能画出如此绝妙的画图。

八公山。海拔1 059米，是腊尔山镇东部的一个面积为2.5平方公里的巨大观景台，因有八座突出的山峰酷似8个老公公坐在席上饮酒而得名。

八公山山势嵯峨，树木繁茂，四季郁郁葱葱。沿着羊肠小道，向山顶攀登，悬崖峭壁之上，奇树异花之间，常常可以看到鹿、麝、灵猫、麂、貉、青鼬、果子狸、獐、松鼠、野猪、野兔、斑鸡、竹鸡、画眉、凤鹛等飞禽走兽。八公山是一座天然动物园，是探奇览胜者的绝妙去处。

天星山苗民起义遗址。天星山位于腊尔山台地禾库镇吉门村，是乾嘉苗民起义义军与清兵的最后决战处。一条清澈的溪流环绕着天星山的东、北、南三面，形成三面绝壁峡谷，唯西与腊尔山台地相连的地势，是腊尔山台地西部边缘的要塞。

天星山海拔761米，雄峰巍峨。主峰北面，一条“之”字形险道如云龙攀附绝壁，是上天星山的唯一路经。沿着宽不盈尺的石级，在古树怪石迎送中，过“渡仙桥”“猴回头”等险关，便到山顶。四面绝壁的山顶有0.5平方公里的面积。相传古时上面有庙宇、屋舍，有田、有土、有人家。沧海桑田，而今只剩一方水池和断壁残垣。

这是血的历史见证。当年，广大苗民为生存、为自由，举起起义大旗，迫使清朝调集两湖、两广、川黔七省二十多万兵力进行了为期十二年的镇压，最后，苗族义军寡不敌众，退守天星山，坚守 10 个月后因弹尽粮绝而失败。

尽管如今的天星山，四周，卧龙岭、观音岩、飞来石、望景台诸峰陈列，百态千姿，如展开的巨幅长卷；涧底，男耕女织，牛欢羊跃，一部完整的田园诗话，但望眼当年古战场，遥想鏖战的惨烈，常常会有悲壮之情涌上心头。

雷公洞。位于腊尔山台地米良乡境内。洞口高 8 米，宽 4.5 米，深约 2000 米，宽约 15 米。洞中有阴河，四季水流不断。据水文部门测量，阴河常年流量约在每秒 7 立方米左右，中途分成两股，一股曲曲折折中飞下悬崖，成尖多朵瀑布，一股流入乌巢河。

雷公洞洞口较低，洞外三面悬崖包围。暴雨之时，闪电好像从洞中穿出，直划长空，并伴之雷声阵阵，当地人以为有雷神居住，故称“雷公洞”。

雷公洞内流水汤汤，阴河两岸及洞顶有密密层层、千姿百态的石钟乳、石笋、石幔、石柱、石花，琳琅满目，争奇斗妍。

尖多朵瀑布。腊尔山台地北部柳薄乡境内，有一瀑布奇观叫尖多朵瀑布，尖多朵是苗语，汉译是很深的绿潭。

尖多朵瀑布从悬崖峭壁上一个长方形岩洞飞泻而下，瀑布落高 236 米，宽 34 米多，最低流量每秒 3 立方米。水流的巨大冲击力，竟然在瀑布落点的岩石上形成了一个圆形的直径超过 80 米，深约 5 米的深潭。

远远看去，一幅白练悬空而挂，四溅的水沫，弥漫的雾气，像一幅缥缈超凡的图画。

酷暑时节，坐在潭边如桌如凳的岩石上，雷鸣般涛声在耳，心中却滋生一种淡却红尘的宁静，沐浴在瀑布飞溅成的微微细雨中，迎着徐徐山风，吟诵陶老夫子的“曷不委心任去留，胡为乎遑遑兮欲何之”的词句，真有一种置身仙境的感觉。

第五节　名人杰士

传统楚巫文化与外来文明的合流，整合出了凤凰古城独特的文化景观，孕育出众多才情横溢、卓尔不凡的名人佳士。从清道光二十年（1840 年）至清光绪元年（1875 年）短短的 36 年间，仅古城就涌现出提督 20 人、总兵 21 人、副将 43 人、参将 31 人、游击 73 人等众多三品以上军官。这批人进入上流社会后，十分注意子弟的教育培养。清末民初，凤凰兴起留学热潮，据初步统计，不过 5 000 人的小城竟然有 15 人出国留学，他们中许多人结交孙中山、黄兴、柳亚子等，或入同盟会，或入南社，成为一代名士；民国时期，出中将 7 人、少将 27 人，凤凰一时群星璀璨，名噪三湘。凤凰人才辈出，作家、书法家、画家、工艺美术家等层出不穷，特别是随着民国第一任民选内阁总理熊希龄、著名作家沈从文、著名画家黄永玉的出现，凤凰不仅闻名全国，而且蜚声世界。

郑国鸿。字雷堂，抗英名将，1777 年（清乾隆三十八年）出生在湖南凤凰县城。十八岁，承袭世职云骑尉。道光二十年（1840 年春），升任浙江处州镇总兵。次年二月，奉命与安徽寿春总兵王锡朋，协助定海总兵葛云飞一道接收定海。演绎出一幕历史上抵抗外侮、“还我河山”的悲壮历史。

浙江定海是一个海防重镇，英军入侵浙江必从此处登陆。守卫镇海时，葛云飞镇守城南土城，王锡朋镇守城北的晓峰岭，郑国鸿独挡英军入侵定海的大门竹门山。从九月二十六日至三十日，清军五千将士与英军激战了五昼夜，打退英军多次进攻。直到三十日下午六时，清军弹尽粮绝，英军乘机登陆。

十月一日，晓峰岭失守，王锡朋殉国。接着定海失陷，葛云飞光荣捐躯。英军分三路夹击竹门山，清军弹尽援绝，六十五岁的郑国鸿以重伤之躯单枪匹马冲入敌阵，挥刀连斩数十敌人后壮烈殉国。

鸦片战争结束后，清政府授予郑国鸿等三总兵“忠节”称号，按提督例恤并入昭忠祠。

田兴恕。字忠善，苗族，清道光十六年（1836 年）出生在凤凰县麻冲乡的一个贫苦家庭。16 岁那年，因家境贫寒参加清军。24 岁任贵州提督，并诏授钦差大臣。25 岁，兼任贵州巡抚，掌握了贵州的军事大权。

田兴恕刚直不阿，一身正气。1861 年端午节，人们按传统习惯上街“游百病”路过大修院时与 4 名修士发生冲突，遭到洋人的无理谩骂和驱赶。田的手下下令包围大修院并逮捕了 4 名修士。法国公使馆以违反《天津条约》相恫吓。激怒了田兴恕，田密令将 4 名修士斩首，制造了震惊清廷的“青岩教案”。

1862年正月15日，开州百姓举行祭龙活动、天主教士文乃尔出面干涉。田兴恕一怒之下，下令将文乃尔当众予以凌迟并取首级悬挂在城门上示众。此事件史称“开州教案”。

法国公使照会清政府要求将田兴恕处死，清政府慑于洋人的淫威，将田兴恕革职查办，发配新疆永不赦免。田兴恕在流放途中，深得陕甘总督左宗棠赏识，左上奏朝廷请求释放田兴恕，田于1873年回到家乡凤凰。但为国家民族伸张正义而反被清廷横加迫害的田兴恕，年仅41岁就含恨辞世。

熊希龄（1870—1937）。字秉三，人称“熊凤凰”。中国资产阶级政治家，近代著名慈善家、教育家。清同治九年（1870年）出生在凤凰，自幼聪颖过人，被誉为“湖南神童”。熊希龄15岁中秀才，16岁中举人，22岁点翰林，35岁为清朝五大臣之一出洋考察欧美宪政，任参赞。40岁出任民国财政部长、热河都统，43岁经国民大会选为内阁总理兼任财政总长。因与袁世凯矛盾日益尖锐，袁莫须有地给熊罗织罪名，熊希龄遂于民国三年（1914年）愤然辞职。

熊希龄清末与梁启超、谭嗣同等致力维新，创办《湘报》，组织延年会、南学会。1919年积极投身于“五四”爱国运动。1920年在北京香山创办香山慈幼院，并自任院长，济贫抚孤，收养无人认领的灾童及各地贫困儿童千余人。此外，熊希龄还先后任顺直水利委员会会长、中华教育会会长等职。1927年，李大钊遇害，熊希龄不计个人安危将李夫人及两个子女接到香山保护，后转送中共地方党组织。1931年“九一八”事变后上海沦陷，熊希龄以世界红十字会中华总会会长身份设立临时医院四所、难民收容所八处，收容伤兵、难民。1937年12月5日在香港病逝，享年67岁。

陈渠珍（1882—1952）。号玉鍪，1882年9月生于凤凰县城。1906年毕业于湖南武备学堂。曾加入同盟会。

1909年至1945年的30余年间，陈历任进藏抗英部队营管带、湘西镇守使田应诏属下中校参谋、护法第一路军参谋长、湘西巡防军统领、湘西屯边使、第十独立师师长、沅陵行署主任、新六军军长、军事委员会中将参议和设计委员会委员等职，抗日战争胜利后才返回凤凰。

1949年5月，宋希濂和程潜任命陈为“湘鄂边区绥靖副司令”及沅陵行署主任。同年8月，程潜、陈明仁和平起义。中共湖南省委派员劝说陈弃暗投明，10月中旬，陈率部起义。

1950年，陈受命为湖南省政府委员，6月，被邀请赴京参加中国人民政治协商会议第二次扩大会议及中央民族事务委员会会议。1952年2月，陈病逝于长沙。

人称“湘西王”的陈渠珍特别注重军工、军农生产，开办工厂、学校、金融业，对湘西的经济、文化、教育发展做出了一定的贡献。并留有《军人良心论》、《艽野尘梦》等著作。

沈从文（1902—1988）。原名沈岳焕，苗族，著名作家、历史学家、考古学家。1902年12月出生在凤凰古城中营街。沈从文的一生是坎坷的一生，奉献的一生。他在故乡的小城渡过了童年和少年时代，1917年到1922年随土著部队飘游在湘西沅水流域。1923年闯入北京，1923年至1928年在北京靠写作谋生。1928年至1930年在上海公学任讲师，兼《大公报》《益世报》《益州报》文艺副刊主编。1931年至1933年在青岛大学任讲师，1939年至1947年在西南联大任教授，1947年至1949年在北京大学任教授，1950年至1978年在中国历史博物馆任文物研究员，1978年至1988年在中国社会科学院任研究员，1988年5月在北京病逝，享年86岁。

沈从文一生为人朴厚、治学严谨，著述甚丰。他的作品被译成日语、英语、俄语等在日本、美国、英国、苏联等40多个国家出版，并被日本、美国、韩国、英国等10多个国家或地区选进大学课本。沈从文的文学作品《边城》《湘西》《从文自传》等在国内外有重大影响。沈从文先生不仅是著名作家，还是著名的历史学家、考古学家，他撰写出版了《中国丝绸图案》《唐宋铜镜》《龙凤艺术》《战国漆器》《中国古代服饰研究》等学术专著，特别是《中国古代服饰研究》影响很大，填补了我国文化史上的一项空白。

沈从文曾两度被提名为诺贝尔文学奖候选人，是蜚声文坛的巨星。金介甫（JefferyC·KinKley）在其著作《沈从文论》中称：“沈从文是中国第一流的现代文学作家，仅次于鲁迅”。

黄永玉。中国当代著名画家和作家、诗人，1924年出生在凤凰县城。因家境贫苦，12岁就外出谋生，流落到安徽、福建山区小瓷作坊做童工，后来辗转到上海、台湾和香港。14岁开始发表作品，以后一段时间主攻版画，其独具风格的版画作品饮誉国内外。

黄永玉1952年从香港回到北京，在中央美术学院任教。黄永玉擅长版画，主攻国画，其画构思奇特，造诣精深。主要画作有“春潮”“阿诗玛”“山鬼”，创作过生肖邮票《猴》、毛主席纪念堂大型山水画。曾荣获意大利最高荣誉奖“司令勋章”。

黄永玉还是一位文采风流的作家、诗人。著有《罐斋杂记》《芥末居杂记》《永玉六记》《吴世茫论坛》《老婆呀，不要哭》《这些忧郁的碎屑》《沿着塞纳河到翡冷翠》《太阳下的风景》以及长篇小说《无愁河的浪荡汉子》等多部作品，其散文和小说笔调深沉，语言诙谐，寓意深刻，嬉笑怒骂皆成文章。

黄永玉是一个感情丰富的人。他浪迹天涯却情系梓里。他惦记着养育了他的这方山水，惦记着家乡的吊脚楼和石板小街。他在散文《太阳下的风景》中写道：“无论我走到天涯海角，我都为它骄傲。它实在太美了，以至以后的几十年，不论我走到哪里，也会觉得还是我自己的家乡好……”

肖继美。著名钢铁专家，中国科学院院士。1920 年 12 月 7 日生于凤凰县得胜营（今吉信镇）。自幼勤奋好学，聪明过人。

1948 年 1 月，肖去美国密苏里大学留学。由于他天资聪颖，勤奋攻读，1950 年冬以优异成绩获得冶金硕士及博士学位，留在美国工作。

1957 年 7 月，肖继美排除干扰，毅然回国，在北京钢铁学院任教和从事科研工作。30 多年来，他为祖国的科研和教育事业作出了巨大的贡献。他著有《金属材料的腐蚀问题》《高速钢的金属学问题》《金属的韧性与韧化》《不锈钢的金属学问题》《合金能量学》《合金相及相变》《材料的应用与发展》等 8 部冶金科技专著，共计 310 多万字，还发表 250 篇学术论文，在国内外产生了重大影响。《材料的氢致开裂及应力腐蚀机理研究》荣获 1987 年国家自然科学二等奖，《合金能量学》获 1988 年全国高等学校优秀教材奖，《材料的应用与发展》获 1990 年全国优秀科技图书二等奖。他还担任我国冶金方面的博士、硕士的培养工作，先后培养了 60 多名博士和硕士。多次被邀请到美国、日本、加拿大、法国、德国、澳大利亚等国讲学和作学术报告，深受国内外的欢迎和好评。

肖继美是中国科学院学部委员，中国科学院院士，中国博士后基金会副理事长。

田星六（1872—1958）。又名兴奎，号晚秋居士，凤凰沱江镇人。留学日本期间与黄兴、秋瑾等常相往来，深受民主革命思想的影响，曾先后加入中华同志会、中国同盟会。

光绪三十一年（1905），田星六留日毕业回国，在凤凰厅开办了凤乾永晃四厅中学和蒙养学堂，并任四厅中学校长。不久，经熊希龄介绍，出任四川省军医学堂提调，主办《蜀江》《醒世》两报，鼓吹革命。

田星六工诗善词，是一位爱国诗人。青年时代，曾与族侄田名瑜加入南社及国学会，与柳亚子、金松岭等人为至交。中华人民共和国成立后，田星六历任凤凰县人民政府委员、湖南省文史馆馆员，1958 年去世。

田星六一生的诗文手稿不下百万言，但在“文化大革命”中大部散失，现有《晚秋堂诗集》8 卷传世。

朱早观（1903—1955）。原名昭观，号丹波，苗族，沱江镇人。朱早观 1937 年 8 月去延安参加八路军，被任命为总部高级参议兼总部随营干部学校军事教员。次年 3 月加入中国共产党。他先后担任湘鄂赣边区军区参谋长兼边区党委统战部长、军政干部学校校长、中原军区副参谋长兼敌工部长、中共中原局统战部副部长以及西北军区副参谋长等职。1949 年 6 月，朱早观以少数民族代表身份参加新政协筹备委员会，当选为第一届政协全国委员会委员。建国后，历任中国人民解放军总部第五局局长、中央军委办公厅副主任、全国人民代表大会民族委员会委员、国防部办公厅副主任等职。

刘祖春。1914 年生，凤凰县沱江镇人。1935 年考入北京大学，1937 年奔赴山西参加抗日游击队，1939 年赴延安抗日军政大学学习，同年加入中国共产党。抗大结业后，刘祖春到华北《新华日报》社工作，后调入《冀鲁豫日报》社任副社长，社长。1943 年调回延安解放日报国际部任副主任，兼副刊部主任。1946 年从延安飞赴重庆，在中央代表团任博古（秦邦宪）政治秘书。

解放战争时期，刘祖春历任第一野战军新华分社社长，党中央前委新闻编辑，中共中央中南局宣传部常务副部长、秘书长。

新中国成立后，历任党中央第三办公室工业负责人，中央工业交通部秘书长，中共华北局副秘书长兼工业部部长，中共北京市委常委兼科教部部长，中共中央宣传部常务副部长等职。

刘祖春长期从事党的宣传工作，著作颇丰，主要有《中国共产党简史》《新文学史料》《生根开花》《淡血》《忧伤的遐想》等学术专著及小说、散文。

李振军。1920 年 6 月 5 日生于湖南省凤凰县沱江镇，苗族。1937 年 2 月加入中国共产党。1943 年调前方部队任团政委、旅主任、军秘书长，参加了辽沈、锦州、平津战役。1955 年后调广州军区任青年部长，55 军政治部主任、47 军副政委、代政委。1970 年 47 军北调，李留在湖南任省委书记。1978 年调回部队，任军事科学院政治部副主任、代主任，并领导叶剑英传记组。1982 年中国人民武装警察部队成立，李振军任副政委、第一任专职政治委员。李系全国政协七届常委。

田家（1917—1975 年）。原名田景祥，沱江镇人。1938 年投奔延安参加革命。历任八路军一二〇师政治部记者、晋绥边区文艺工作者协会秘书、《西北文苑》编委兼执行编辑、西北艺术学校文学班主任等职。1949 年 8 月加入中国共产党。建国后，历任西北艺术学院文学系主任，中央文学研究所教务处副主任，中国作家协会文学讲习所副所长兼教务处主任，北京市文联秘书长兼《北京文艺》主编，中国作家协会沈阳分会秘书长兼《文艺红旗》主编等职。1964 年任西安电影制片厂副厂长。

田家一生出版有《论诗的共产主义风格》《论鲁迅先生艺术二三事》《在贺龙同志的故乡》《车轮飞转》《改天换地》《兵临城下》（与白刃合作）等著作（后三为电影剧本）。

第三章
凤凰历史文化名城文化旅游发展现状、存在的问题及前景分析

第一节 凤凰历史文化名城文化旅游发展现状

凤凰历史悠久，山川秀美，人杰地灵，文化旅游资源可谓根深枝繁。近年来，凤凰县委、县政府高度重视文化旅游事业发展，大力弘扬民族文化，充分发挥民族民间文化的资源优势，坚持走挖掘与保护、传承与利用相结合的路子，使凤凰县的民族民间文化旅游事业有了明显进步。但是，凤凰也是典型的“老、少、边、穷”的山区贫困县，受历史、地理、经济等因素的制约，民族文化旅游事业发展也面临着严峻的考验，如何实现从根深枝繁到花红叶茂的跨越，是摆在县委、县政府面前的重要课题。

一、文化旅游资源概况

（一）人文历史悠远厚重

凤凰县历史悠久，人杰地灵。境内有名胜古迹116处，有历史名村（寨）30多个，有县级以上文物保护单位85处，其中，国家级文物保护单位2处（5个点），省级文物保护单位10处。据不完全统计，从清道光二十年（1840年）至清光绪元年（1875年）短短的36年间，凤凰就涌现出提督20人、总兵21人、副将43人、参将31人、游击73人等众多三品以上的军官。民国时期，凤凰出中将7人、少将27人。以熊希龄、沈从文、黄永玉、肖纪美为代表的一大批军事家、政治家、文学家、艺术家、科学家正是从这里走向全国，蜚声世界。

（二）自然风光美丽神奇

凤凰山川秀美，风景如画。这里有以岩溶峡谷33条、峰柱880多处、溶洞35个、常年性瀑布30个构造形成的综合地质遗迹景观——国家级地质公园，有国家级自然保护区——南华山森林公园和两头羊省级自然保护区，有全长180公里的苗疆边墙——中国南方长城，有唐渭阳县城旧址——黄丝桥古城，有国家历史文化名城——凤凰古城，有天下第一大石桥——乌巢河大桥，有华夏第二洞——奇梁洞，有保存完好、别具一格的吊脚楼群，有飞檐斗角的朝阳宫、万寿宫、大成殿、天王庙、遐昌阁、万名塔等古典建筑，构成了一幅美丽神奇的画卷，素有“中国最美的小城”之誉和“画乡”之称。

（三）民间文化丰富多彩

凤凰民族民间文化源远流长、丰富多彩。有凤凰阳戏、堂傩戏、土家族茶灯戏、苗戏等民间戏曲；有土家族千古绝唱哭嫁歌、苗族祭祀歌、苗族古歌、叙事长歌、苦歌情歌等民族歌谣；有迎宾花鼓、女子梳妆鼓、少年欢乐鼓、筑长城鼓、战将鼓和祭祖鼓等苗族鼓舞；有土淀印染、植物色染、刘大泡蜡染、吴氏扎染等苗族蓝印花技术；有清代大小袖、金钱绣衣裤、百褶裙、土丝旦、礼宾服、巫师服等绚丽多彩的苗族服饰；有苗族接龙帽、银披肩、银凤冠、银盆花、打花边、织花带、剪纸、盘花、帖花等精湛的苗族服饰锻造技术和苗绣技术；有椎牛祭、巫傩文化、上刀山、下火海、踩大刀、吞竹竿、吃碗渣、引火烧身、眼皮掉水等神秘文化和绝技绝活表演；有苗拳、黑衣大队武术套路等苗族民间武术；有苗族打击乐、苗族唢呐、竹哨、吹木叶等乐器乐曲；有盘弧石窟、巢居遗架、石板房、土墙屋、吊脚楼、保家楼等特色民居；有三月三、四月八、六月六、赶秋节等苗族传统艺术节等。

（四）民族风情浓郁独特

凤凰有少数民族29.67万人，占全县总人口数的75.17%，是一个以苗族为主的多民族聚居的山区县。在特定的生存环境下，经过长期的社会实践和文化积淀，凤凰各民族不仅创造了丰富多彩的民族文化，也形成了如土家族哭嫁、茶灯会、苗族椎牛、拜傩公、赶秋、赶边边场、拦门酒、卡歌、卡鼓以及婚恋丧葬等独特的民族风俗，并沿袭至今。

（五）原生态民族村落星罗棋布

由于历史、地理因素和经济发展相对缓慢的原因，凤凰县原生态民族村落散布在崇山峻岭之中，可谓原汁原味、星罗棋布，据不完全统计，全县有历史文化名村（寨）30多个，有原生态民族村落2 000多个，保护较为完整的有500多个，极具民族特色和开发价值的60多个。

二、民族民间文化遗产与非物质文化遗产挖掘保护情况

（一）加强了组织领导

为做好民族民间文化与非物质文化遗产的挖掘、保护和传承工作，凤凰县成立了“民保”“文保”办公室，把搞好文化生态保护、培育特色文化品牌工作摆到了各级政府的重要议事日程。县政府还把生态文化保护工作经费列入了财政预算，确保工作的顺利开展。

（二）摸清了项目状况

目前，凤凰县已确定涵盖民族技艺、民族工艺、民族服饰、民族饮食、民族习俗等全县各类文化遗产保护项目17类215个。

（三）成功完成了前期申报工作

苗族鼓舞、苗族银饰锻造技术、苗族蓝印花技术、凤凰纸扎等4个项目已被列入国家级非物质文化遗产保护名录。土家族茶灯戏，哭嫁歌，苗族歌谣，苗族武术，苗族服饰，苗族医药，苗族绝技上刀山、下火海等10个项目已被公布为第一批省级非物质文化遗产。

（四）挖掘和推介了一批民族民间文化传承人

民间艺人刘大炮等 6 人已被联合国教科文组织授予民间工艺大师称号，叶水云、聂方俊等 6 人已分别被确定为国家级、省级和州级非物质文化遗产传承人。

三、民族文化与旅游融合发展状况

（一）突出民族文化特色，加强基础设施建设

近年来，凤凰县先后实施了古城整治工程，使凤凰古城的历史风貌得到基本恢复，修建了具有凤凰地方特色和民族文化气息的凤凰文化广场，为大型文化活动的开展提供了重要平台。至 2007 年，全县 18 个重点项目累计完成投资 4 亿余元，凤凰广场通道、南门音乐喷泉、沱江风光带二期工程、古城夜景亮化二期工程等项目全面完成，凤凰地质博物馆、天下凤凰篝火堂、凤凰楼重宾接待基地旅游商贸城、旅游停车场等旅游配套设施等已投入营运。八角楼公园、奇峰公园等人居环境建设项目也早已完工。

（二）提升旅游产业的文化品位，刺激旅游经济的持续发展

近几年来，凤凰县不断提高文化生产力意识，积极挖掘民族文化内涵，提升景点开发中的民族文化含量，以民族文化为依托大力发展文化旅游产业。目前，凤凰民族特需品定点生产企业和民族文化贸易企业已达 25 家，国家 4A 级景区、国家重点风景名胜区、省级卫生城市、省级文明城市等申报工作进展顺利，城区和景区景点管理得到加强，文化旅游业持续发展。近十年来，在县委县政府的正确领导下，凤凰县旅游业得到了飞速的发展，文化旅游产业已成为我县经济发展的主导产业。凤凰已成为中国首批“旅游强县”、全州旅游业的龙头，现正朝着国际旅游目的地迈进。下面是 2000 年至 2009

年的统计数据（表 3-1）：

表 3-1 2000—2009 年凤凰旅游发展主要指标表

年份	旅游人次		旅游收入		门票收入	
	(万人)	增长	(亿元)	增长	(万元)	增长
2000			0.34			
2001	57		0.74		165	
2002	89	56%	1.1	48%	1 450	779%
2003	108	21%	1.5	36%	1 800	24%
2004	189	75%	2.9	93%	4 300	139%
2005	18.6	33%	5.5	89%	5 500	28%
2006	350	39%	11.78	115%	8 021	45%
2007	430	23%	17	44%	12 600	57%
2008	426	1%	19	11%	19 000	1%
2009	486	14%	26	35%	15 500	20%
2009	486	14%	26	35%	15 500	20%

巩固了省内及广东、珠三角等较成熟的旅游市场，向以重庆为主的西南、以上海为主的华东、以北京为主的北方市场拓展，以港澳台、日韩市场为主的境外游客持续增长。

（三）发挥民族民间文化资源优势，大力发展乡村游和民俗风情游

在凤凰古城旅游的辐射带动下，以丰富的民族民间文化为依托，凤凰乡村民俗风情、特色苗寨、田园风光游得到逐步发展。落潮井勾良苗寨、千工坪香炉山苗寨、山江老家寨苗寨、苗人谷被评为省级农业旅游示范点。目前批准公布了 2 个（山江苗族博物馆、西门峡漂流）景区（点），5 个正式开放乡村旅游点，8 个试营的景区点。2009 年，全年接待游客 94.1 万人次，同比增长 53.56%，旅游收入 1.88 亿元，门票收入 4943.4 万元，同比增长 10.71%，成为文化旅游业发展的新亮点和农民增收的新途径，使凤凰县的文化旅游业由数量扩张型向质量效益型提升。

（四）办好民族节庆活动，搭建弘扬民族文化和推介文化旅游的平台

在县委宣传部、县民族局、文化局等部门的精心策划和认真组织下，凤凰县少数民族重大节日活动规模不断扩大，内容不断丰富。如“四月八”“六月六”以及凤凰苗族银饰文化节的成功举办，一方面大力弘扬了民族文化，增强了群众的文化意识，激发了群众开展文化活动的热情，推出了龙仙蛾、吴娟等一批本土优秀歌手，另一方面提高了民族文化旅游产品的知名度，使民族服饰、民间工艺等得到了全面展示，促进了凤凰县民族文化产业的发展。

第二节　凤凰文化旅游发展存在的主要问题及原因分析

一、先天性不足

以地理区位来看，凤凰远离大型的旅游中心城市，经测量，以凤凰为圆心，以500公里为半径的区域内没有一个拥有50万以上人口的大城市，而只有几个人口在50万以下的中、小城市，如张家界、吉首、怀化、常德、铜仁、娄底等。所以凤凰要想开拓市场，面临着较大的难度。从资源区位来看，凤凰周遭分布着一批在国内有着一定影响力的旅游景区，如拥有世界地质公园和世界自然遗产头衔的张家界景区，吉首德夯少数民族风情景区，王村古镇，永顺猛洞河漂流和不二门景区，贵州梵净山风景区，其中黔东的梵净山自然保护区已经纳入了世界人与生物圈保护区网，张家界景区也以奇特的石英砂岩峰林地貌于1992年被联合国教科文组织加入了世界自然遗产名录。凤凰的旅游开发无法回避这两大业已存在的著名风景名胜区。面对如此

众多的同质不同位的竞争者，凤凰旅游业的发展确实存在很大的冲击。从交通区位来看，因为凤凰过去一直是交通闭塞的蛮荒之地，虽然如今交通状况有了很大的改观，但先天性的地理区位决定了旅游者路途的艰辛，其花在旅行交通上的时间仍然不短。

二、后天制约因素

（一）民间民俗文化的挖掘、保护与传承困难重重

1. 现代文化的冲击造成了对民族文化发展空间的掠夺

随着社会经济的加速发展，城镇化的不断推进，人民生活水平的不断提高，群众的生活方式、消费意识都发生了根本性变化。红事白事新事新办，使民族习俗日渐消停；土、石、木房改建为“洋楼”，使民族村落面目全非；广播、电视、网络等多元文化的影响，使人们对民族民间文化的需求日益淡化。本土文化消费降低，导致民族文化的发展空间日益缩小。

2. 长期的冷落与闲置造成了民间民俗文化生长土壤的日益贫瘠

首先，民族地区经济意识不断增强，许多青年外出打工谋生，新的价值观念和生活观念逐渐形成，民族文化遭受长期冷落和闲置，直接导致民族文化发展意识的不断削弱和民族文化生存环境的不断恶化。其次，学校现代教育的普及和发展，在很大程度上遏制了民族文化在当地的传播，年轻一代对传统民族文化兴趣愈来愈淡漠，学习和继承民族文化的人群逐渐减少，发扬和创造民族文化的人才严重缺乏，造成民族民间文化缺乏肥沃的成长土壤，存在濒临枯萎的危险。

3. 由相对滞后的民族经济条件所决定的有限经费投入对“民保”“文保”而言杯水车薪

民间民俗文化的挖掘、保护、传承和开发利用是一项错综复杂的工程，牵涉民族地区人民群众生活的方方面面，资金投入需求量大。但因地方财力

的限制，专项资金十分有限，难以取得实际性进展，“民保”“文保”工作面临雷声大雨点小的局面。

4. 传承人的锐减，造成民族传承文化的断层

2007 年 8 月，州政府公布的凤凰县 11 位县级非物质文化遗产项目代表性传承人，全部是 65 岁以上的民间艺人。而民族文化、工艺和技术非常的烦琐复杂，年轻一代都不屑于学习，一旦掌握其工艺和技术的艺人去世，这些文化就面临消亡的危机。

综合以上所提到的后天制约性因素，我们看到凤凰文化旅游存在着一个任何历史文化名城都面临的共性问题：就是处理保护和开发的问题，及在发展中如何去保护的问题。我们说旅游的发展加速了文化的变迁，但文化的变迁有积极的影响也有消极的影响，我们应最大化地发挥积极影响，而将消极影响降低到最小。

（二）知名文化品牌和精品旅游线路难以形成

当前，凤凰县民族文化事业存在着资源丰富、品牌有限的尴尬，其原因主要有二：

1. 研究不够

凤凰县还没有专门的民族研究机构，民族文化工作的研究、规划、执行机构十分不健全，各职能门工作容易脱节，对民族民间文化的挖掘程度不深、开发品位不高、利用范围不广。

2. 宣传推介力度不够

宣传推介缺乏个性内容与品牌意识，宣传推介方法单一、手段疲软，直接影响了文化产品的发展规模与效益，遏制了知名文化品牌的诞生。同时，凤凰县旅游开发存在景点开发多、精品线路少的现象。其原因主要是：①统筹规划发展力度不够，管理存在明显漏洞，导致一些经营个体以单纯赢利为目的，简易开发，仓促开放，浪费了文化资源，降低了景点文化含量和文化品位。②基础设施的薄弱和交通条件的限制。一是县内许多景点服务设

施不齐全，标志性建筑少，停车场容量小。二是交通条件不能适应发展需要。路况稍好的吉首—吉信—凤凰和凤凰—廖家桥—阿拉路段交通拥挤，每逢廖家桥、吉信墟场就会发生严重的交通阻塞。凤凰—山江—腊尔山路段年久失修，凹凸不平。大部分乡村景点零星分散，道路崎岖，难以连成一线。

（三）民族文化旅游事业发展仍然营养不良、后劲不足

凤凰县民族文化旅游事业营养不良、后劲不足主要表现在：

1. 经费投入不足、基础设施薄弱

近年来，县委、县政府加大了对民族文化事业的投入，但民族文化事业经费的投入与事业的发展需求差距仍然较大。目前，图书馆、群众文化活动中心等项目建设仍未投入使用，现有设施、设备未得到更新。特别是农村文化事业没有保障，农村文化工作仍然十分薄弱，一部分乡镇文化站形同虚设。目前 9 个乡镇绝大多数无文化活动场地和必要设施，农民群众对精神文化生活的需要很难满足。

2. 专业人才匮乏，从业人员素质良莠不齐

目前，凤凰县严重缺乏从事民族文化传授、研究、表演的专业人员和高素质的文化旅游从业人员，民族文化传承人越来越少，许多优秀的文化技艺面临失传。

第三节　凤凰历史文化名城文化旅游发展面临的机遇

从宏观背景来看，旅游业从 20 世纪 90 年代初期就已成为重要的产业，发展到现在还是长盛不衰。从我国在产业政策上明确旅游业是国民经济增长

点的态度上，可以看到各省、地区和各级政府对旅游业的厚望和对旅游业发展的积极扶持态度。2009 年国务院《关于加快发展旅游业意见》的出台，展现了我国政府对旅游业发展的重视和支持，表明了旅游业在我国的产业地位。各地区和各级政府都积极响应国务院这一政策，努力按照国务院的意见来发展本地旅游，达到意见中提到的努力把旅游业培育成为国民经济战略性支柱产业和人民群众更加满意的现代服务业的宏伟目标。凤凰各级政府和旅游相关部门在这一大趋势下，推波助澜，提出了文化旅游再发展的战略性目标。凤凰文化旅游资源丰富，悠久的历史文化、神秘的楚巫文化、灿烂的民族文化和名人文化的有机组合，形成了高品位的旅游资源群。凤凰拥有发展文化旅游的良好自然条件，山清水秀的自然风光给文化旅游之树以源源不断的养料，使之长成一颗根深枝繁、花红叶茂的参天大树。

从 1996 年凤凰烟厂逐步关停破产开始，县领导开始寻找经济社会发展的出路。因凤凰有着深厚的文化底蕴、优美的生态环境和浓郁的民族风情，县政府大胆提出“以发展旅游业为重心”这一思路，改变了长期以来以发展工、农业为主的政策。但从 1996 年到 2001 年间，这一思路都几度“夭折”，因为作为新生的事物无疑会引起争议和质疑。2001 年至 2002 年，是决定凤凰旅游产业发展命运的关键之年，也是具有里程碑意义的一年。在这期间内，凤凰确立了“文化旅游、民营主体、扶贫攻坚、科教兴县”的战略思路，将旅游产业提升到了“主导产业”的高度，明确提出了建设文化旅游名县的战略目标。经过十余年的发展，如今旅游业已成为凤凰的支柱产业和主导产业。

目前凤凰旅游业已具相当影响，已成为凤凰国民经济的支柱产业和主导产业。旅游业的发展同保护资源与环境有着天然耦合关系，良好规划并有序发展的旅游业是凤凰实施可持续发展的重要保障。随着旅游业的发展，其文化功能、社会功能将日益凸现，成为提高凤凰人民群众文化素质和社会主义精神文明建设的重要渠道。

国家历史文化名城的桂冠是凤凰的“金字”招牌，凤凰古城、沱江风光带、南华山国家森林公园、华夏第二岩洞——奇梁洞、天下第一石桥——乌巢河大桥、中国南方长城、黄丝桥古城、苗风纯朴的苗寨等是凤凰旅游业的拳头产品，其旅游品位的等级与产业规模在湘西占据最重要的地位，是湘西的旅游窗口和湘西吸引世人的原因所在。从湖南省的旅游网络来看，湖南的旅游构想是发展以长沙为重点、以张家界为龙头的格局，湘西凤凰处在张家界龙头光环的辐射区域内，且与张家界的自然风光相得益彰。张家界自然山水的鬼斧神工再点缀上湘西凤凰的厚重历史和神秘文化，构成了大湘西一幅美丽神奇的画卷，2010 年 4 月 9 日至 10 日，时任湖南省副省长的甘霖带领省交通厅、省旅游局等相关部门负责人一行对凤凰旅游进行考察，强调要把凤凰旅游作为全省旅游开发的重点，高标准规划，把凤凰打造成世界旅游精品。因此，凤凰是湖南省旅游业重要的主打产品，为落实省、州领导对凤凰文化旅游发展的指示精神，凤凰县委县政府先后启动以加快凤凰文化旅游转型升级，对接世界旅游新潮流为主要内容的沱江风光带第三期工程、凤凰古城夜景灯光亮化工程等 12 个建设项目。从国家旅游产品系列看，凤凰力争要实现国内的精品、世界的新品这一目标。再经过一段时间的发展，加快文化旅游的转型升级步伐，凤凰完全有条件和可能成为我国中西部闻名国内外的文化—生态旅游胜地。

第四章 凤凰历史文化名城文化旅游资源的评价研究

第一节　文化旅游资源评价的基本原则

一、客观实际的原则

评价文化旅游资源的特点和功能时应实事求是，对其价值和开发前景既不夸大、也不缩小，应做到客观如实、恰如其分。

二、全面系统的原则

既要全面、系统、综合地评价文化旅游资源的价值和功能，又要综合考虑文化旅游资源开发的自然、社会、经济、环境和区位、投资、客源、施工等开发条件。

三、高度概括的原则

文化旅游资源评价过程涉及的内容较多，评价结论应明确、精练，高度概括其价值、特色和功能。

四、力求定量的原则

尽可能避免带有强烈个人主观色彩的定性评价，力求定量或半定量评价，并要求对不同调查区尽量采用统一定量评价的标准，以便评价过程中的比较。

第二节　凤凰历史文化名城文化旅游资源的基本类型

湘西凤凰县拥有丰厚的旅游资源，其中国家级的景区有凤凰国家历史文化名城和南华山国家森林公园 2 处，省级森林公园和自然保护区各 1 处，省级风景名胜区 2 处和州级风景名胜区 1 处，省级文物保护单位 8 处，州级文物保护单位 1 处，县级文物保护单位 30 处，省级地质公园 2 处，州级博物馆 2 处和州级民俗风情园 1 处（见表 4-1）。此外，还有号称天下第一大石桥的乌巢河大桥，及原汁原味的楚巫文化、韵味独特的凤凰土话、别具一格的苗族服饰、苦辣咸酸的饮食习惯、原始戏剧活化石傩堂戏、地方风味阳戏、散发着泥土清香的文茶灯及玻璃吹画、蜡染、扎染、纸扎、银饰制作等民俗旅游资源。

表 4-1　湘西凤凰县主要景区、景点一览表

名称	类型	级别	名称	类型	级别
南华山国家森林公园	森林公园	国家级	北门城楼	文物保护单位	州级
凤凰山森林公园	森林公园	省级	东门城楼	文物保护单位	县级
两头羊自然保护区	自然保护区	省级	虹桥	文物保护单位	县级
奇梁洞	风景名胜区	省级	万寿宫	文物保护单位	县级
凤凰风景名胜区	风景名胜区	省级	遐昌阁	文物保护单位	县级
腊尔山景区	风景名胜区	省级	万名塔	文物保护单位	县级
黄丝桥古城	文物保护单位	省级	准提庵	文物保护单位	县级
沈从文故居	文物保护单位	省级	天星山古战场	文物保护单位	县级
湘西明清边墙（凤凰段）	文物保护单位	省级	复汉流血义士冢	文物保护单位	县级
三潭书院	文物保护单位	省级	田家祠堂	文物保护单位	县级
凤凰文庙	文物保护单位	省级	杨家祠堂	文物保护单位	县级
熊希龄故居	文物保护单位	省级	西关门	文物保护单位	县级
朝阳宫	文物保护单位	省级	勾良苗寨风情园	民俗风情园	州级
天龙峡风景区	国家地质公园	省级	凤凰地质博物馆	博物馆	州级
凤凰国家地质公园	国家地质公园	省级	山江苗族博物馆	博物馆	州级

参照国家旅游局2003年制定的《旅游资源分类、调查与评价》标准，旅游资源共分为地文景观A、水域风光B、生物景观C、天象与气候景观D、遗址遗迹E、建筑与设施F、旅游商品G、人文活动H八大主类，31种亚类，155种基本类型。按照国标可将历史文化名城凤凰县旅游资源做如下分类（见表4-2，表4-3）。

表4-2 凤凰县自然旅游资源分类

主类	亚类	基本类型	代表景观
A地文景观	AA综合自然旅游地	AAA山岳型旅游地	凤凰山森林公园
		AAD滩地型旅游地	青龙滩
	AB沉积与构造	ABD地层剖面	古跳岩
	AC地质地貌过程行迹	ACA凸峰	虎尾峰
		ACB独峰	天星山
		ACE奇特与象形山石	夫妻观景岩
		ACF岩壁与岩缝	鹰愁崖
		ACG峡谷段落	神龙谷
		ACL岩石洞与岩穴	奇梁洞
B水域风光	BA河段	BAA观赏游憩河段	沱江
	BB天然湖泊与池沼	BBC潭池	卧龙潭
	BC瀑布	BCA悬瀑	尖多朵瀑布
	BD泉	BDA冷泉	兰泉
C生物景观	CA树木	CAA林地	南华山国家森林公园
	CD野生动物栖息地	CDB陆地动物栖息地	两头羊自然保护区
D天象与气候景观	DA光现象	DAA日月星辰观察地	溪桥夜月

表4-3 凤凰县人文旅游资源分类

主类	亚类	基本类型	代表景观
E遗址遗迹	EB社会经济文化活动遗址遗迹	EBA历史事件发生地	屯粮山
		EBB军事遗址与古战场	天星山古战场
		EBC废弃寺庙	文庙
		EBD废弃生产地	古碾房
		EBE交通遗迹	古官道
		EBF废城与聚落遗迹	舒家塘村

续表

主类	亚类	基本类型	代表景观
		EBG 长城遗迹	南方长城廖家桥段
		EBH 烽燧	烽火台
F 建筑与设施	FA 综合人文旅游地	FAA 教学科研实验场所	吉首大学
		FAB 康体游乐休闲度假地	江天旅游度假村
		FAC 宗教与祭祀活动场所	文庙
		FAE 文化活动场所	山江苗族博物馆
		FAF 建设工程与生产地	果果三农科技发展有限公司
		FAG 社会与商贸活动场所	山江苗寨赶集
		FAI 军事观光地	古城墙
		FAK 景物观赏点	虹桥
	FB 单体活动场馆	FBB 祭拜场馆	天王庙
		FBC 展示演示场馆	凤凰县文化广场
		FBE 歌舞游乐场馆	万紫千红娱乐休闲会所
	FC 景观建筑与附属型建筑	FCB 塔形建筑物	万名塔
		FCC 楼阁	石莲阁
		FCE 长城段落	苗疆边墙
		FCF 城（堡）	黄丝桥古城
		FCI 广场	从文广场
		FCK 建筑小品	陈氏宗祠里的正殿戏楼
	FD 居住地与社区	FDA 传统与乡土建筑	吊脚楼
		FDB 特色街巷	东正街
		FDC 特色社区	山江苗寨
		FDD 名人故居与历史纪念建筑	沈从文故居
		FDE 书院	三潭书院
		FDG 特色店铺	清新果园猕猴桃果脯店
		FDH 特色市场	苗族银饰店
	FE 归葬地	FEB 墓（群）	沈从文墓地
	FF 交通建筑	FFA 桥	通渠桥
		FFB 车站	凤凰汽车站
		FFC 港口渡口与码头	水门口码头
	FG 水工建筑	FGB 水井	红岩洞井
G 旅游商品	GA 地方旅游商品	GAA 菜品饮食	血钯鸭子

续表

主类	亚类	基本类型	代表景观
		GAB 农林畜产品及制品	湘西黄牛
		GAC 水产品及制品	娃娃鱼
		GAE 传统手工产品与工艺品	苗族剪纸
		GAF 日用工业品	生漆
		GAG 其他物品	红晒烟
H 人文活动	HA 人事记录	HAA 人物	沈从文
		HAB 事件	乾嘉苗民起义
	HB 艺术	HBA 文艺团体	凤凰县阳戏剧团
		HBB 文学艺术作品	《边城》
	HC 民间习俗	HCA 地方风俗与民间礼仪	拦门三道卡敬酒礼
		HCB 民间节庆	“跳相会”
		HCC 民间演艺	傩堂戏
		HCD 民间健身活动与赛事	龙舟赛
		HCG 特色饮食风俗	苦辣咸酸
		HCH 特色服饰	苗族服饰
	HD 现代节庆	HDA 旅游节	湖南国际旅游节凤凰站旅游活动
		HDB 文化节	中国湘西凤凰从文文化节
		HDC 商贸农事节	凤凰县吉信镇猕猴桃展销会
		HDDT 体育节	中韩围棋大赛

湘西凤凰县旅游资源不仅数量众多，而且类型丰富，既有秀丽多姿的自然风光，又有丰富多彩的历史文化景观。按国标的分类共有 8 个主类，23 个亚类，74 个基本类型（表 4–2，表 4–3）。在八大主类旅游资源中，以“建筑与设施”F 类最多，共有 29 个基本类型，占 39.19%；“人文活动”H 类居第二位，有 14 个基本类型，占 18.92%；“地文景观”A 类居第三，有 9 个基本类型，占 12.16%；“遗址遗迹”E 类居第四位，有 8 个基本类型，占 10.81%；“旅游商品”G 类居第五位，有 7 个基本类型，占 9.46%；“天象与气候景观”D 类最少，只有 1 个基本类型，占 1.35%（图 4–1）。其中 ABCD 四个主类的旅游资源可划分为自然类型的旅游资源，占总数的 21.62%，而 EFGH 四个主类的旅游资源可划分为人文类旅游资源，占总数的

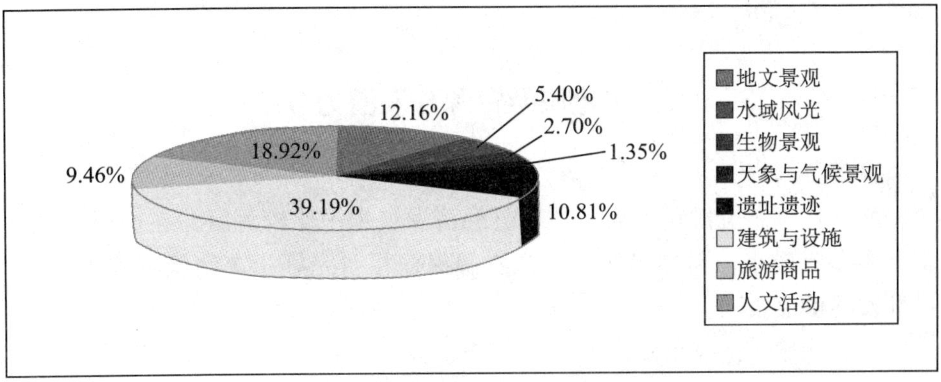

图 4-1　凤凰县旅游资源分类统计图

78.38%。因此可以说，凤凰县是一个景观类型丰富、以人文类旅游资源为主的旅游景区，有发展文化旅游得天独厚的优势。

第三节　文化旅游资源开发潜力评价

一、文化旅游开发的现状

近些年来，凤凰县认识到发展旅游是带动县域经济良性发展的出路之一，并把旅游业作为该县的支柱产业，在各方面支持和鼓励旅游业的发展，取得了某些成效。但凤凰旅游还只是停留在最传统的观光上，大多数旅游开发仍停留在概念层面上，相应的管理体制及各种相关配套设施都有待完善，应该说凤凰县的文化旅游开发还处于初级阶段。凤凰文化旅游开发存在的主要问题有：文化旅游产业意识不强，分散重复开发；文化旅游形象不突出，宣传力度不够；产品开发处于初级阶段，参与互动程度差；资源保护力度不够，破坏严重等。

二、文化旅游资源开发潜力分析

从文化旅游资源角度看，凤凰县经济发展水平比较落后，各种污染以及受外界影响较小，自然与历史人文资源保存相对完好，文化旅游资源丰富，可开发的价值较高。

从文化旅游的发展角度看，文化旅游客源市场广阔，文化旅游是一种高层次的旅游活动，随着旅游者旅游经验的日渐丰富，价值观念与生活方式的改变，以及对社会文化生活的进一步追求，文化旅游将是 21 世纪最具有发展潜力的旅游形式。凤凰县选择发展文化旅游是顺应时代的潮流。

从凤凰县旅游业自身发展来看，主观上政府重视旅游业对县域经济发展的带动作用，人民也希望能够通过发展文化旅游实现致富目的。客观上，全县旅游发展已逐步走上正轨，各种基础设施和服务设施日渐完善，为发展文化旅游提供了条件。联合凤凰少数民族民俗文化、历史文化和名人文化及军事文化开发凤凰文化旅游，具有特色与规模优势，开发前景乐观。

第四节　文化旅游资源开发条件评价

一、交通状况

2009 年新规划建设中的凤大高速、吉怀高速从凤凰县境通过，实现与凤凰国家高速公路主干网的对接。2009 年投入了 2 426 万元，完成了凤大公路堤溪连接线、凤凰路改造维修，红旗新区路网工程土桥路一期人行道铺装。配合建设铜仁·凤凰机场命名和跑道扩建工程，在县境内建凤凰候机楼，逐步开通与国内主要景区的对飞航班，实现航空港与未来凤凰大旅游的对接。

二、经济发展状况

凤凰县由于地处湘西边陲，受地理位置、自然环境和历史条件等多方面因素影响，经济发展长期处于落后状态。2003 年凤凰县完成国内生产总值 9.86 亿元，人均 GDP 2 644 元，仅为同期全国平均水平的 29.42%，全省平均水平的 36.95%，按照同期 1 美元兑 8.2766 元人民币汇率，人均 319.45 美元。参照钱纳里的人均收入水平经济发展阶段划分标准，凤凰县是一个典型的低收入发展地区，处于前工业化阶段。

为改变这种落后状况，凤凰县大力发展旅游业，在旅游业的带动作用下，社会经济取得了飞速的发展。2009 年，全县实现生产总值 298 109 万元，增长 13.1%。其中第一产业增加值 55 200 万元，增长 4.8%；第二产业增加值 54 962 万元，增长 15.5%；第三产业增加值 187 947 万元，增长 14.6%。按常住人口计算，人均生产总值为 8 424 元。在全县生产总值中，三次产业结构由上年的 19.6 : 18.5 : 61.9 调整为 18.5 : 18.4 : 63.1。全县财政总收入 18 304 万元，增长 25.34%。其中地方财政收入 14 772 万元，增长 28.46%。财政总支出 82 036 万元，增长 35.73%。

全县城镇居民人均可支配收入 10 021 元，增长 10.45%，其中工资性收入 6 435 元，经营性收入 932 元，财产性收入 375 元，转移性收入 2 361 元。农民人均纯收入 3 145 元，增长 12.63%，其中工资性收入 1 202 元，家庭经营收入 3 021 元，财产性收入 29 元，转移性收入 236 元。全县城镇居民人均消费性支出 5 536 元，增长 6.88%。农村居民恩格尔系数 62.93%。

三、文化旅游资源

凤凰文化旅游资源丰富，但同周边地区存在一定的相似性，必须利用少数民族民俗文化、军事文化和名人文化、历史文化相结合的特色优势，采取错位发展方式，把发展比较成熟的世界自然遗产张家界旅游区的客源吸引过来。同时加强同周边地区的竞争与合作，走集成规模化的道路。

四、凤凰文化旅游的客源

总体来看，凤凰文化旅游的客源构成地域上分布分散，以周边地区和发达城市为主，海外客源市场集中，亚洲市场以96.53%的比例在外国市场中占绝对优势，其中以韩国、日本、新加坡、印度尼西亚为主要的客源国；游客以企事业管理人员、学生、产业工人、政府职员为主要游客群，教育、科技、文化、传媒、商务人员为次要游客群。凤凰县具体的客源状况将在第五章加以分析，此处不再详细论述。

五、基础设施状况

凤凰政府通过财政投资、跑项争资、招商引资等，加大旅游建设投入力度。

1. 县市基础设施

先后完成了凤凰大桥、凤凰广场、城北大道、沱江大道、县城二级客运站、栗湾停车场、凤凰源停车场、奇峰广场等项目建设。实施了县城供水管网改造、县城垃圾处理场和沱江污水处理管网工程，建成了全省第一座县级污水处理厂。

2. 加强景区景点建设

为力争凤凰古城转型升级项目列入省级重点建设项目，规划建设了“十里沱江风光带”，完成了十里沱江风光带三期污水处理管网铺设工程、沱江风光带绿化、沱江河游道、南华山国家森林公园一期工程、奇梁洞创建3A级景区建设工程，对古城夜景进行了美化亮化。

3. 加强配套设施建设

围绕完善“吃、住、行、游、购、娱”等旅游配套设施，加快发展交通运输、餐饮住宿等旅游服务业的发展。建成了县游客服务中心，为游客提供一站式服务。提级改造公厕，新建星级厕所 1 座。2009 年新建四星级酒店 1 家，增二星饭店 2 家，目前城区共有宾馆、家庭客栈 403 家（星级饭店 12 家，其中四星级 1 家，三星级 3 家，二星 9 家），床位 12 354 个，居全州之首。

这一切都说明凤凰在以惊人的速度发展，为其文化旅游的快速发展提供了条件。

第五节　凤凰历史文化名城文化旅游资源开发的总体评价

一、凤凰文化旅游资源定性评价

1. 丰富多样，品位高

凤凰县文化旅游资源涵盖历史军事、民族民俗和名人故居等众多类型。首先，作为国家历史文化名城的凤凰古城历史悠久，古建筑独具特色，如特色鲜明的吊脚楼；“苗疆边墙”——中国南方长城；中国保存最完整的石头城——黄丝桥古城。凤凰古城内的文物古建筑、古遗迹、明清两代特色民居和明清石板古街都保存较完整和丰富。其次，凤凰是一个有着浓郁民族风情的多民族和谐聚居的地区，是汉族和苗族文化融合的场所，两民族在长期的交往中，形成了独具特色的民族风情，如楚巫文化、苗族服饰、风味小吃、傩堂戏、阳戏、文茶灯和格调清新高雅的民间工艺玻璃吹画、纸扎和蜡染。其中苗族服饰、纸扎、蜡染、苗医药四个项目被列为国家级非物质文化遗产，苗绣、苗歌等 5 个项目被列入湖南省非物质文化遗产。再次，凤凰文化底蕴深厚，名人故居文化也独树一帜，从清代开始涌现出很多的武官和文人，如民国第一任内阁总理熊希龄、抗英名将郑国鸿、乡土文学巨匠沈从文、著名画家黄永玉等都是从这块神奇的土地走出湘西，进而走向全国，蜚声海内外。

2. 组合度好

从凤凰的文化旅游资源来看，长城和兵营为代表的军事文化旅游资源在中国南方是特有的资源，但从规模、历史和影响来讲，都无法和北方长城相比；以苗族为主的少数民族民俗文化旅游资源在本地区也已不具特色，从区位、影响和开发历史来讲都难以与吉首德夯风景区的苗族风情旅游相比拟；以古城为代表的名人故里更不是中国的唯一，鲁迅故里、平遥古城、丽江古城都是凤凰的强劲竞争对手。虽然三大类文化景观单独不具备优势，但是三者的特殊地域组合却是世界上绝无仅有的，在一个小小的落后的县域里面，能形成这三种风格各异的文化景观，是非常令人瞩目的现象和耐人寻味的话题。这样的文化组合自然能形成强大的吸引力，吸引国内外旅游者的眼球。

3. 空间分布较为集中

湘西凤凰县旅游景点空间分布具有广泛而集中的特点，从图 4-2 中可以看出，湘西凤凰县核心旅游景点以沱江镇为中心，其周围分布着高品位的旅游资源，几乎集中了湘西凤凰旅游景点的精髓，构成了湘西凤凰县旅游的核心区域。虽然其他乡镇的旅游景点也比较多，但知名度不高，且处于核心旅游景点的阴影下而很少被人知道。凤凰这种较密集的资源便于旅游开发与旅游组织。

图 4-2 凤凰旅游资源空间分布图

4. 背景条件好

凤凰县很多文化旅游资源都分布在青山丛林中或河湖秀水边，如清澈的沱江水边的吊脚楼给人以美的享受。沱江好似一根飘带给古城无尽灵动的感觉，让古城顿生灵气，这种自然与文化的相互交融、交相辉映，大大提高了文化旅游资源的旅游价值。

二、凤凰文化旅游资源定量评价

（一）旅游资源评价构成体系

根据国家旅游局2003年制定的《旅游资源分类、调查与评价》标准，从资源要素价值、资源影响力、附加值三个方面对旅游资源进行评价，具体评价模型见表4–4。

表4–4 旅游资源单体共有因子评价模型

评价项目	评价因子	赋分（分）
资源要素价值（85分）	观赏游憩使用价值	30
	历史文化科学价值	25
	珍惜奇特程度	15
	规模、丰度与几率	10
	完整性	5
资源影响力（15分）	知名度和影响力	10
	适游期或使用范围	5
附加值	环境保护与环境安全	−5 ～ 3

资料来源：旅游资源分类、调查与评价（GB/T18972—2003）

（二）旅游资源评价等级指标

根据旅游资源单体评价总分，将其分为五个等级，从高到低依次为：五级旅游资源（得分值域≥ 90 分）；四级旅游资源（75 ～ 89 分）；三级旅游资源（60 ～ 74 分）；二级旅游资源（45 ～ 59 分）；一级旅游资源（30 ～ 44 分）；得分值域≤ 29 分的单体称为“未获等级旅游资源”。其中，五级旅游资源又被称为“特品级旅游资源”；五级、四级、三级旅游资源被通称为“优良级旅游资源”；二级、一级旅游资源被通称为“普通级旅游资源”。

（三）凤凰文化旅游资源定量评价结果

本文采用新国标打分评价方法，根据旅游资源共有因子进行赋分。参照国家标准《旅游资源分类、调查与评价》（GB/18972—2003）旅游资源评价方法，对凤凰文化旅游资源进行定量评价，评价结果如表 4-5。

表 4-5 凤凰文化旅游资源定量评价结果

旅游资源级别	旅游资源单体	总数（个）	资源品位
五级	凤凰古城、南方长城、黄丝桥古城	3	特品级旅游资源
四级	沱江、奇梁洞、熊希龄故居	3	优良级旅游资源
三级	沈从文故居、虹桥、南华山森林公园	3	优良级旅游资源
二级	吊脚楼、大成殿、东门城楼、北门城楼、山江苗族博物馆、沈从文墓、黄永玉艺术馆、杨家祠堂、文庙、万名塔、吉信三潭书院	11	普通级旅游资源
一级	跳岩桥、万寿宫、三王庙、天星山乾家苗民起义遗址	4	普通级旅游资源

评价结果表明凤凰文化旅游资源禀赋高，优良级旅游资源丰富，具有发展文化旅游得天独厚的条件。

第五章
凤凰历史文化名城文化旅游客源市场开发研究

第一节　凤凰文化旅游客源市场开发的环境分析

一、客源市场开发的外部环境分析

（一）历史沿革

凤凰县历史悠久。《凤凰厅志》记载，夏、商、殷、周以前，这里即为“武山苗蛮”之地。

历史演递，云卷云舒，悠悠数千年。凤凰的区位日显突出，古城镇竿的地位日显重要，最终成为统辖“大湘西”二十余州、县（厅），辐射影响至湘鄂川（渝）黔四省（市）边区的一个政治、军事、经济、文化中心，这种中心位置一直延续到新中国成立前夕。

（二）文化氛围与旅游节庆

1. 三大文化及其构成

一是底蕴厚重的楚巫文化。苗族的主要信仰有自然崇拜、图腾崇拜、祖先崇拜等原始宗教形式，苗族社会迷信鬼神、盛行巫术。

二是人才辈出的名人文化。传统楚巫文化与外来文明的合流，整合出了凤凰古城独特的文化景观，孕育出众多才情横溢、卓尔不凡的名人佳士。特别是随着民国第一任民选内阁总理熊希龄、著名作家沈从文、著名画家黄永玉的出现，凤凰人才辈出，作家、书法家、画家、工艺美术家等层出不穷，凤凰不仅闻名全国，而且蜚声世界。

三是风情浓郁的民族民俗文化。凤凰是多民族聚居县，共有苗族、土家族、汉族、回族等18个少数民族，其中以苗、土家、汉三族为主。

凤凰民族民俗独特。原汁原味的楚巫文化，韵味独特的凤凰土话，别具一格的苗族服饰，苦辣咸酸的饮食习惯，原始戏剧活化石傩堂戏，地方风味十足的阳戏，散发着泥土清香的茶灯以及玻璃吹画、蜡染、纸扎、苗族银饰等格调清新高古的民间工艺，构成了凤凰独具特点的民族民俗风情。

2. 文化旅游节庆活动

节庆活动是文化旅游产品的重要内容，它具有把凤凰旅游产品推向市场、扩大其知名度并在市场上产生轰动效应的作用，对凤凰旅游的发展而言是一个非常重要的助推器。凤凰在举办文化旅游节庆活动方面一是组织开展民俗节庆活动，凸现凤凰独特的民俗魅力。把春节定位为到中国凤凰过一个传统的民俗文化年；把端午节定位为“中国凤凰民间龙舟节”；把苗族“四月八”活动定位为“中国凤凰苗族银饰节”；把苗族“六月六”活动定位为“中国凤凰苗歌节”，通过节庆活动的举办，把跳花跳月、花鼓、唢呐、舞狮、苗歌、服饰银饰、武术等系列传统文化节目充分展示给旅游者，向海内外游客展示苗族服饰文化、银饰文化和祭祀文化，尽显苗族人民勤劳勇敢的民族性格和源远流长的民间文化，使节日成为弘扬民族民间文化的重要载体。二是继续办好“中国凤凰苗族银饰节”“南方长城中韩围棋赛”等一批赛事活动，争取世界旅游组织、联合国教科文组织等国际会议在凤凰举行。精心策划一系列有重大影响力的盛事活动，邀请国际、国内政要视察凤凰，邀请体育明星、影视明星、知名专家学者和大企业、大集团领导人游览凤凰。

（三）自然环境条件

1. 地理位置

凤凰，国家历史文化名城，湖南省湘西土家族苗族自治州所辖八县市之一。东与泸溪县交界，南与麻阳县相连，西同贵州省铜仁市、松桃县接壤，北和吉首市花垣县毗邻，史称“西托云贵，东控辰沅，北制川鄂，南扼桂边”。

凤凰古城因其西南凤凰山得名，被誉为“中国最美丽的小城”，历史、文化、山水、民俗、名人等特色资源完美融合，在中国众多古城中别具一格。2001 年，凤凰古城被国务院列为国家历史文化名城，2006 年入选《中国世界文化遗产预备名单》。现有县级以上文物保护单位 85 处，其中国家级 2 处、省级 10 处；有古遗迹 116 处，特色民居 120 多栋，珍贵馆藏文物和各类珍稀化石1万多件，是西南地区现存文物古迹最多的县份。

2. 气候条件

凤凰属中亚热带季风湿润性气候，但西北中山山原的气候却有北亚热带的性质。由于西北高、东南低的地势差异，气候分为三种类型，第一类型是西北高寒山区（腊尔山区和山江区的北半部），海拔700米以上；第二类型是较暖区（吉信区和城郊区的南部地区）；其余地区是第三类型，界于两类之间。高寒山区和较暖区气温一般相差5～6摄氏度，节气相差15天左右。

3. 生态植被

凤凰县土地总面积1 795平方公里，共有耕地面积3 316.68公顷，其中水田2 532.36公顷，旱地729.84公顷。凤凰县共有各类植物物种618种，动物种类123种，林地面积34 780.9公顷，森林总覆盖量为92.33万立方米，覆盖率为30.62%。

（四）社会经济发展状况

凤凰县由于地处湘西边陲，受地理位置、自然环境和历史条件等多方面因素影响，经济发展长期处于落后状态。

为改变这种落后状况，凤凰县大力发展旅游业，在旅游业的带动作用下，社会经济取得了飞速的发展。2009年，全县实现生产总值298 109万元，增长13.1%。其中第一产业增加值55 200万元，增长4.8%；第二产业增加值54 962万元，增长15.5%；第三产业增加值187 947万元，增长14.6%。按常住人口计算，人均生产总值为8 424元。在全县生产总值中，三次产业结构由上年的19.6∶18.5∶61.9调整为18.5∶18.4∶63.1。全县财政总收入18 304万元，增长25.34%。其中地方财政收入14 772万元，增长28.46%。财政总支出82 036万元，增长35.73%。

全县城镇居民人均可支配收入10 021元，增长10.45%，其中工资性收入6 435元，经营性收入932元，财产性收入375元，转移性收入2 361元。农民人均纯收入3 145元，增长12.63%，其中工资性收入1 202元，家庭经营收入3 021元，财产性收入29元，转移性收入236元。全县城镇居民人均消费性支出 5 536 元，增长 6.88%。农村居民恩格尔系数 62.93%。

多数农民尚处于贫困状态，不具备基本的出游能力。与省内其他县市比较，凤凰经济发展处于中下水平。农民的经济能力很低，故营销对象应主要为城镇居民。农村居民整体上尚不具备成为未来客源市场的增长点。故本区域市场潜在客源的 77% 目前无法变为现实市场。鉴于此，凤凰应将扩大客源的重点放在 300 公里范围的大中城市，同时积极开拓 500 公里以内的客源市场。

（五）基础设施状况

凤凰政府通过财政投资、跑项争资、招商引资等，加大旅游建设投入力度。

1. 县市基础设施

先后完成了凤凰大桥、凤凰广场、城北大道、沱江大道、县城二级客运站、栗湾停车场、凤凰源停车场、奇峰广场等项目建设。实施了县城供水管网改造、县城垃圾处理场和沱江污水处理管网工程，建成了全省第一座县级污水处理厂。

2. 加强景区景点建设

力争凤凰古城转型升级项目列入省级重点建设项目，规划建设了“十里沱江风光带”，完成了十里沱江风光带三期污水处理管网铺设工程、沱江风光带绿化、沱江河游道、南华山国家森林公园一期工程、奇梁洞创建 3A 级景区建设工程，对古城夜景进行了美化亮化。凤凰古城已成为国家 4A 级景区。

3. 加强配套设施建设

围绕完善“吃、住、行、游、购、娱”等旅游配套设施，加快发展交通运输、餐饮住宿等旅游服务业。建成了县游客服务中心，为游客提供一站式服务。提级改造公厕新建星级厕所 1 座。2009 年新建四星级酒店 1 家，增二星酒店 2 家，目前城区共有宾馆、家庭客栈 403 家（星级酒店 12 家，其中四星级 1 家，三星级 3 家，二星 9 家），床位 12 354 个，居全州之首。

（六）区位条件及对外交通

从区位条件看凤凰县地处湖南省西部边缘，湘西土家族苗族自治州的西南角。2009 年新规划建设中的凤大高速、吉怀高速从县境通过，实现与国家高速公路主干网的对接。2009 年投入了 2 426 万元，完成了凤大公路堤溪连接线、凤凰路改造维修、红旗新区路网工程土桥路一期人行道铺装。配合建设铜仁·凤凰机场命名和跑道扩建工程，在县境内建凤凰候机楼，逐步开通与国内主要景区的对飞航班，实现航空港与未来凤凰大旅游的对接。

因为凤凰过去一直是交通闭塞的蛮荒之地，虽然如今交通状况有了很大的改观，但先天性的地理区位决定了旅游者路途的艰辛，其花在旅行交通上的时间仍然不短。

对于凤凰的旅游交通问题解决的设想：铁路方面加开凤凰到国内重要城市的旅游专列和临时客车；公路方面尽快建成东西向和南北向的高速公路。提高凤凰至周围重要城市的公路等级，尤其是高等级公路的建设。航空方面加快铜仁·凤凰机场的建设步伐，尽早开通凤凰和国内重要旅游城市间的航线。特别是占主要核心客源市场的广东、上海、重庆、北京等重要航空港口间的航线。

（七）政策支持条件

1996 年凤凰烟厂逐步关停破产后，县领导就开始寻找凤凰经济社会发展的出路。因凤凰有着深厚的文化底蕴、优美的生态环境和浓郁的民族风情，县政府大胆提出“以发展旅游业为重心”这一思路，改变了长期以来以发展工、农业为主的政策，但从 1996 年到 2001 年间，这一思路都几度“夭折”，因为新生的事物无疑会引起争议和质疑。2001 年至 2002 年，是决定凤凰旅游产业发展命运的关键之年，也是具有里程碑意义的一年。在这期间内，凤凰确立了“文化旅游、民营主体、扶贫攻坚、科教兴县”的战略思路，将旅游产业提升到了“主导产业”的高度，明确提出了建设文化旅游名县的战略目标。凤凰经过十余年文化旅游的发展，如今旅游业已成为凤凰的支柱产业和主导产业，在“旅游带动”战略的实施下，力争使旅游业带动新型工业和新型城镇化与新型农业的发展。

2010 年 4 月 9 日至 10 日，时任湖南省副省长的甘霖带领省交通厅、省旅游局等相关部门负责人对凤凰旅游进行考察，强调要把凤凰旅游作为全省旅游开发的重点，高标准规划，把凤凰打造成世界旅游精品。为落实省、州领导对凤凰文化旅游发展的指示精神，凤凰县委县政府先后启动以加快凤凰文化旅游转型升级，对接世界旅游新潮流为主要内容的沱江风光带第三期工程、凤凰古城夜景灯光亮化工程等 12 个建设项目。

凤凰县政府从国内各重点大学及研究机构聘请了部分专家学者展开对历史文化名城保护、区域旅游规划、城市规划建设等方面的研究，取得了可喜的成就。编制《凤凰历史文化名城保护规划》，出台《湘西土家族苗族自治州凤凰历史文化名城保护条例》，确定古城保护核心区、协调区和控制区。对 1.8 平方公里的古城保护核心区的历史建筑进行严格保护，对古城区所有建筑的高度、形式和色调进行统一规划，对不协调的建筑要进行大规模整治，对新建改建房屋严格按照规划审批管理，恢复其明清风貌。2009 年总投入 2.5 亿元，先后清理整改各类不协调建筑 3000 多处（户），维修文物景点 110 多处。规划建设了“十里沱江风光带”，完成了舞鹤公园、小憩公园建设，对沱江河道进行了彻底清淤，对古城夜景进行了美化亮化。

二、客源市场开发的内部环境分析

（一）旅游资源组合条件

湘西凤凰县旅游资源不仅数量众多，而且类型丰富，既有秀丽多姿的自然风光，又有丰富多彩的历史文化景观。

凤凰县文化旅游资源涵盖历史军事、民族民俗和名人故居等众多类型。首先，作为国家历史文化名城的凤凰古城历史悠久，古建筑独具特色，如特色鲜明的吊脚楼；“苗疆边墙”——中国南方长城；中国保存最完整的石头城——黄丝桥古城。凤凰古城内的文物古建筑、古遗迹、明清两代特色民居和明清石板古街都保存较完整和丰富。其次，凤凰是一个有着浓郁民族风情的多民族聚居地区，是汉族和苗族文化融合的场所，两民族在长期的交往中，形成了独具特色的民族风情，如楚巫文化、苗族服饰、风味小吃、傩堂戏、阳戏、文茶灯和格调清新的民间工艺玻璃吹画、纸扎和蜡染。其中苗族服饰、纸扎、蜡染、苗医药四个项目被列为国家级非物质文化遗产，苗绣、苗歌等五个项目被列入湖南省非物质文化遗产。再次，凤凰文化底蕴深厚，名人故居文化也独树一帜，从清代开始涌现了很多的武官和文人，如民国第一任内阁总理熊希龄、抗英名将郑国鸿、乡土文学巨匠沈从文、著名画家黄永玉等都是从这块神奇的土地走出湘西，进而走向全国，现蜚声海内外。

（二）旅游人才与旅游信息资源

1. 旅游人才培养与引进

凤凰县所在的吉首市目前只有一所高职院校设有旅游系，主要培养导游、酒店服务管理人员。每年 80 人左右的毕业生，无法满足市场对高层次旅游规划管理和服务人员的要求。同时还面临着人员流动率大的问题，很多毕业生因为个人职业定位不明确或旅游企业等原因流动频繁。因此凤凰面临着如何引进省内外优秀旅游人才和留住自身优秀旅游人才的难题。

2. 旅游信息沟通与交流

旅游的核心内容包括景点观光游览、休闲、度假、疗养或会议等活动。但是游客需要的旅游服务是全方位的，其中向游客提供详细、全面、准确的旅游信息也能提高游客对旅游地的满意程度，改善游客与服务人员的关系，加强游客的体验感知，达到游客与旅游管理或服务的双赢效果。同时，旅游过程的特征决定了其具有教育、感化、增长心智、强健体魄等功能。而要达到这种效果，也必须向游客展示正确的信息，如果信息是虚假或欺骗性的，最终也会给目的地的发展带来不可估量的负面效应。必要数量的旅游信息及其市场信息也是旅游市场的重要组成部分。凤凰目前已建设了旅游局官方网站凤凰旅游网，主要的酒店宾馆也都建有自己的网站，部分可实现网上预订服务。

目前，凤凰在旅游信息沟通与交流方面存在的问题有：旅游信息的传播与交流沟通渠道不畅，许多游客反映了解途径较少，信息不全面。旅游交通图册及景区景点宣传品较少。凤凰编制了凤凰旅游交通图，但公开发行量很少,外地游客很难买到。部分导游及解说服务令人担忧。据调查和访谈情况看，目前凤凰主要景点的讲解员文化素质较低，讲解词神话色彩太浓，缺乏科学性、全面性。导游员讲解呆板，并用大量传说故事蒙蔽游客，许多游客反映有上当受骗的感觉。从游客调查来看,具有大学学历的占73%。对他们而言，感兴趣的不再是妖魔鬼怪、神仙传说，而是通俗易懂的科普知识。他们出游主要是基于了解外部世界、开阔视野、增长心智的需要，其次才是观光游览。这就要求导游和讲解员不仅要能说会道，而且要掌握一定的科学知识，只有这样才能满足新时期旅游服务工作的要求。

三、旅游市场环境综合评价

分析认为，凤凰具有深厚的古文化积淀和丰富的历史文化氛围，较为优越的自然环境，较好的旅游资源组合条件等发展文化旅游产业的诸多有利条件。但也存在其他不利因素，如景区管理措施与服务存在诸多问题，亟须解决且旅游者反映较多的有：景区内垃圾箱、休息座位、旅游信息咨询、问事服务、景点卫生、景点路标设置、通信服务、文物保护等相关问题以及景区服务人员态度不好、服务意识淡薄、服务观念不明确等问题。具体表现为：

(1) 凤凰旅游客源市场开发具有先天的资源优势，楚巫文化旅游资源、名人文化旅游资源和民族文化旅游资源的完美组合，强有力地吸引了国内外游客的眼球，但面临着产品开发的人才与资金限制。许多具有凤凰少数民族地方地域特色、垄断性极强的旅游资源尚未得到充分开发和利用。故人才的引进和资金的供给是第一位急需解决的问题。

(2) 部分景区管理机制混乱，多头管理现象严重。如景区路标太少，游人不知路线。旅游景区咨询服务工作亟须改善。景区内当地农民借游客烧香、拜佛之机向游客兜售纸、香等物，纠缠游客，给旅游者留下不好的印象。景区垃圾桶设置较少，无法满足游客需求。

(3) 交通管理漏洞。县内交通站点形同虚设，司机随意停车，各种路标不全。交通服务人员素质较低，服务水平低下，甚至有辱骂乘客现象。价格随意乱涨，令游人不满。

(4) 区域内部社会经济发展水平较低。凤凰远离大型的旅游中心城市，经测量，以凤凰为圆心，以500公里为半径的区域内没有一个拥有50万以上人口的大城市，而只有几个人口在50万以下的中、小城市，如张家界、吉首、怀化、常德、铜仁、娄底等。所以凤凰要想开拓市场，面临着较大的难度。

第二节　凤凰客源市场调查分析

统计资料显示，国内游客占凤凰客源市场的90%，国际游客人数比例不到10%，最大年份只占到9.2%。本次研究的实地调查从2010年6月下旬至7月7日结束。调查采用问卷调查与实地访谈结合的方式。问卷设计为开放式问卷与封闭式问卷结合的形式。地点为凤凰古城。问卷直接发放给游客，直接回收。发放问卷500份，收回有效问卷445份，有效率为89%。调查组还与当地旅游局的领导进行了座谈，获得大量关于凤凰旅游需求的第一手资料，通过Origin软件和Excell软件进行统计分析，验证和丰富了本研究内容。

一、游客时空分布结构

（一）游客空间分布特征

以2010年旅游客源市场调查为基础，按全国31个省份来划分不同的旅游客源地，并计算其主要客源地的旅游者人数占旅游者总人数的比例，结果显示：国内客源市场分布相对较为均匀，且来自各个省份的旅游人数比例基本上反映出客源市场与距离、地区经济水平的关系。其中，省内客源所占比例为20.03%，湖北省的旅游人数所占的比例较高，因为它是临近省区，来凤凰旅游不是很远，交通方便，出游率高，占 9.47%；全国发达省区（广东、北京、上海、福建、江浙一带）虽距离较远，但人民生活富裕，出游率高，约占 45.82%。

游客的地理分布集中度指数是反映旅游者的地理来源和分布范围的指标，其计算公式为：

$$G=100\times\sqrt{\sum_{i=1}^{n}(\frac{X_i}{T})^2}$$

其中 G 为客源地的地理集中指数，X_i 为第 i 个客源地的游客量，T 为旅游地游客总量，n 为客源数。利用调查样本数据，经计算得到凤凰游客的地理集中度指数为：

$$G=55.67$$

根据其客源省际分布情况，可将凤凰国内客源市场划分为以下三个级别：

（1）一级客源市场。以省内、周边省份和广东、上海、重庆等地区游客为核心客源市场。其中湖南、湖北为优先核心市场，北京为北方核心市场，上海为华东核心市场，重庆为西南核心市场，这些地区虽然在旅游者所占比率上没有省内及周边的地区高，但因为客源的经济条件好，消费能力强，因此可以作为凤凰的一级客源市场。

（2）二级客源市场。中西部地区的部分省份如山西、河北、甘肃、吉林、四川、新疆、内蒙古等地区游客所占比率较高，因此可作为二级客源市场开发。

（3）三级客源市场。除上述一、二级客源目标市场以外的国内其他的地区都可以作为三级市场，应进行不同程度的营销和开发工作。除此之外的其他所有国家和地区，来此地旅游人数所占的比例相对较少，故将其划分为凤凰的三级入境客源市场。

凤凰国际客源市场的特点是游客规模较小，海外客源市场集中。以 2003 年的调查数据为例，亚洲市场以 96.53% 的比例在外国市场中占绝对优势，其中以韩国、日本、新加坡、印度尼西亚为主要的客源国；北美市场约占 2.12%，欧洲市场占 1.03%，大洋洲占 0.19%，非洲游客几乎为零。在入境游客中，日韩游客占绝大多数，尤其是韩国游客，到凤凰旅游的人数占到整个入境旅游人数的 63% 左右。海外游客在凤凰住宿的不多，游客基本上是由旅行社组织的团队游客。但这些国家的游客量稳定性差，易受国际大环境的影响。因此应通过现代化的媒介形式加强宣传，提升凤凰主要景区在这些国家居民中的感知率。

表 5-1 2003 年凤凰入境旅游者人数

客源市场	人数	客源市场	人数
日本	17 120	法国	648
韩国	77 581	德国	754
印度尼西亚	834	俄罗斯	880
马来西亚	724	澳大利亚	316
新加坡	595	新西兰	127
美国	2 026	加拿大	243

从以上数据来看，凤凰国际客源市场可以分为以下三个级别：

（1）一级客源目标市场。根据入境游客构成统计数据，以日本、韩国、港澳台等亚洲国家和地区为重点。一则是因为其距离较近，出游方便；二则是因为其市场占有率高，是凤凰境外客源市场的龙头；三则是有历史渊源。

（2）二级客源目标市场。以印度尼西亚、新加坡等东南亚国家和美国、加拿大等西欧北美客源市场为主。凤凰悠久的历史文化、多彩的民族文化对这些国家和地区的人们能形成强大的吸引力。

美国、英国、德国、法国、加拿大及澳大利亚应是重点开拓对象。这是由于这些国家国民经济发达，人们出游率高且旅游花费多，他们对异国奇特的风土人情有浓厚的兴趣。

（3）三级客源目标市场。除了上述一二级客源目标市场以外的国家和地区均可视为凤凰的机会客源市场，要选择南亚、中东地区和北欧为主要的促销对象，并推出有针对性的旅游产品来逐步扩大吸引范围。

（二）游客时间分布结构

为了准确把握旅游客源的季节性变化，我们采取年度对比分析的方法，并以其主要旅游地凤凰古城的旅游季节性变化来说明：游客季节分布特点显著，波峰为每一年的 5 月、7 ～ 8 月、10 月，由于 5 月和 10 月是“五一”“十一”

黄金周，7～8月是暑假，学生客流较为集中，从而出现这3个不同的波峰期。但每年1～2月的寒假和三大长假之一的春节，却没有出现高峰期。这可能是由于冬季旅游宣传和促销力度不够。凤凰客源市场的这种特点表现出了极强的“假日旅游”的特征。调查发现，一周之内的游客也主要集中于周末。因此做好节假日期间的游客接待服务工作就显得尤为重要。

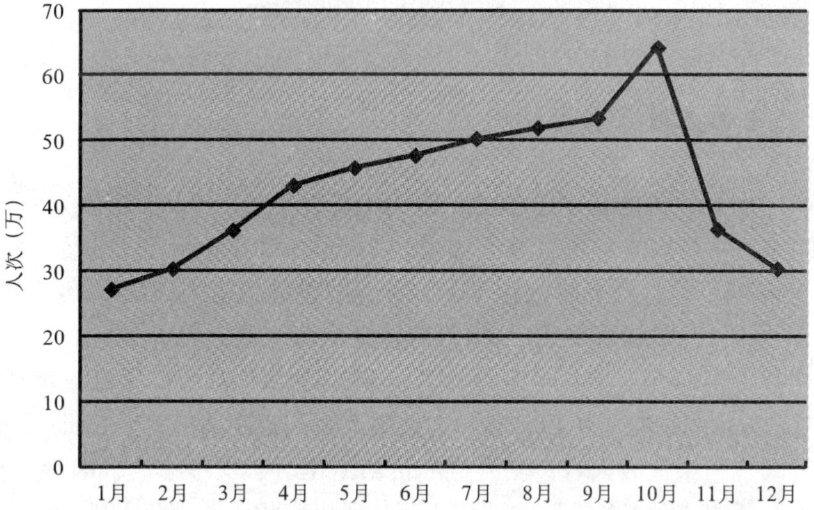

图 5-1 凤凰游客流量变化情况（据 2010 年凤凰旅游统计数据绘制）

这种游客集中程度可通过时间强度指数来进一步说明：

时间强度指数能够反映游客到达目的地的时间分布状况，其计算公式为：

$$R=\sqrt{\sum_{i=1}^{12}(X_i-8.33)^2/12}$$

式中R为游客的时间分布强度指数，X_i为各月游客量占全年的比重，R值越接近于零，旅游需求时间分配越均；R值越大，时间变动越大，旅游淡旺季差异越大。经计算其季节集中指数2003年为0.324，2008年增加为0.363，总体上呈递增趋势，说明季节分配越来越趋向不均匀。游客季节分布相对不均匀的扩大趋势可能与其旅游“粗放型”发展模式有很大关系。

表 5-2 凤凰游客季节分布状况

年份	2003	2004	2005	2006	2007	2008
集中指数	0.324	0.335	0.346	0.351	0.359	0.363

二、游客经济特征构成

（一）游客收入状况

产生旅游动机的基本条件之一是有一定可自由支配的经济收入。从调查结果来看，游客平均每月家庭收入在 2 000 ～ 5 000 元之间的约占游客总量的 35.47%，每月家庭收入在 1 ～ 2 万元的游客约占 10.67%，每月家庭收入在 2 ～ 3 万元的游客约占 9.6%，游客平均每月收入在 3 万元以上的游客约占 7.47%，高收入者主要为海外人士和部分商业游客，每月家庭收入在 2 000 元以下的游客约为 20.52%，为低收入者和近距离游客。由此可知，其旅游者大多为中低收入者，旅游产品价格定位时必须考虑这一因素。另外，中国人有所谓“财不外露”的传统心理，所以有相当一部分人填写的收入要远远低于其真正的收入水平。

综合调查结果，研究认为单次出游花费不超过月收入的 1/4 为多数游客所能接受。

（二）旅游消费水平与消费特征

1993 年来凤凰旅游的人均消费额为 200 元，到 2004 年增至人均 300 元，年均增长率 3.6%。调查分析认为，造成游客人均消费额如此之低，且多年来消费水平增幅不大的原因有：观光游览产品占绝大部分，游客参与性极差，缺少可值得消费的项目；大部分旅游商品缺乏特色，无法激起游客的购买欲望；80% 的旅游商品来自云南、贵州、浙江等地，所以凤凰服饰店和云南丽江服饰店没什么两样；针对购物需求大的女性游客的旅游商品局限在服饰和银饰，许多女性游客宁可空手而归也不愿采购那些质劣档低的小商品。调查也显示有将近50%的游客没有购买旅游商品的支出，原因是多数旅游商品或纪念品毫无纪念意义和收藏价值。虽然游客中低收入人群比例较大也是原因之一，但更为主要的是还没有开发出适合中低收入旅游者的各种工艺品及旅游商品。而且人们普遍的观念是：旅游者都很富有，都很舍得花钱。其实这是对旅游消费者角色定位的错误认识。首先旅游者中有收入的差距。其次旅游消费有理性消费和非理性消费的差异。只要这两个原因存在，那么旅游商品的开发就与其他商品一样，要分开档次，各具特色，以便吸引不同收入的消费者。

（三）游客经济状况与旅游消费行为关系的分析

一般来说，游客收入水平愈高，其购买力愈强。对目的地来讲潜在的经济效益会更好。但是游客实际的购买力与目的地的相对物价水平有很大关系，如果目的地的物价高于客源地的物价水平，则游客可能会较少购买目的地的旅游商品，反之则较多的购买。分析实际情况，进入凤凰的游客中大部分分布于湖南省区和周边省区及发达省区，而本地旅游商品开发中存在着忽视产品质量和特色的问题，故许多游客空手而归。多年以来，低价位商品成了劣质商品的代名词，因而商家不愿去冒险开发。实际上，中低价位的旅游商品也可以成为“创意新奇、特色浓厚、质优价廉”的商品。目前旅游市场缺少的正是那些创意新奇、极具地方特色的旅游商品。凤凰旅游商品应从“小”入手，从游客实际考虑多开发一些便于游客携带、富有传统文化意义的旅游商品。如凤凰血粑鸭、牛肝菌、腊肉、罐罐菌等土特产品应该在现有的基础上进行品牌延伸。对这些风味食品，走环保、绿色、健康、无公害路线，进行深加工，开发绿色食品系列。可在罐头类制品的基础上进行改良，开发各种便携、美观、低价位的小包装，满足广大游客的需求。

三、游客人口特征分析

（一）游客年龄与性别特征结构

据分析，来凤凰的游客中男女性别比为1.68∶1。表明男性在旅游点的选择上占主导地位，男性的身体状况、经济状况和在家庭中的支配地位具有一定优势。

在游客年龄结构方面，凤凰主要以26～55岁的旅游者为主，约占69.1%，26～35岁的青年人出游率比36～55岁的游客低，二者分别约占20.67%和29.87%；46～55岁的旅游者约占18.59%；18岁以下的游客主要为暑假旅游的中小学生，一般是跟父母亲一起来旅游，约占12.13%；18～25岁的自费旅游的大学生或刚参加工作的低收入人群，约占10.47%。这部分自费旅游的大学生出游主要是想增长见识，开阔视野，以便适应将来的竞争。而刚走上工作岗位的年轻人，尚未成家，思想活跃，接受新事物快，经济上也已获得独立。55岁以上的老年人约占8.27%，这部分人群具有充足的闲暇时间和非常宽裕的经济条件，但其年事已高，安全、舒适方面比其他人群有更高要求。

（二）游客文化教育水平结构

从旅游者的学历层次来看，本科及以上约占37.07%，专科约占38.67%，中专及高中约占21.07%，初中及以下约占3.19%。总的来说，未接受过大学教育的游客占到25.26%，而74.74%的游客都接受过大学教育，游客的受文化程度较高。

随着社会经济的发展，未接受过大学教育的群体多数在就业求职中处于不利的地位，对其经济收入及出游也有一定的影响。针对市场的这个特点，在产品开发中要考虑低文化层次者的需求，适度开发娱乐性强、参与性强、观赏性强的项目，以适合这一市场的需求。不能只追求产品的历史文化品位，只开发科学文化价值高的项目，而忽视游客的低层次需求。从游客反映看，目前的旅游产品形式单一、既不能迎合低文化层次者需求，又达不到高文化层次者的要求。这种“雅俗共赏”的产品正是缺失地方特色的突出表现。要真正让游客满意，则必须拉开产品档次，按不同人群的偏好去设计项目。

以素有“中国南方长城”之称的古城墙为例，文化较低者对其并不是十分感兴趣。许多游客反映看不到南方长城的价值。原因是没有相应的介绍和辅助说明，降低了景区的吸引力，客观上缩短了游客在景区的逗留时间。希望能引起景区管理部门的注意和重视。

（三）游客职业构成结构

从国内游客来看，主要为政府工作人员、企业管理人员、公司职员、专业技术人员、教师、离退休人员和学生。邻近地区社会经济水平较低，工人、农民经济收入有限，出游率低；发达地区的工人、农民文化素质高，如长三角地区和珠三角地区，一般喜欢来此地旅游。凤凰经济落后，商业性游客数量较少，但从调查来看公费旅游者较多。

（四）游客人口学特征与旅游消费行为关系的分析

调查研究显示，游客消费在性别、年龄、教育程度等方面差异比较明显，而职业差异不大。主要体现在旅游商品的购买者中女性很少，青少年较少，文化程度较高者较少。许多游客抱怨缺少适合的旅游商品是造成旅游购物数量低的最主要的理由。其次许多旅游商品不具有地方特色，和全国其他地方购买的旅游商品完全一样，游客认为其没有任何购买价值。此外，受教育程度高者认为许多旅游商品缺乏文化内涵，而放弃了购买机会。

四、游客文化特征

游客文化特征主要是指游客在民族、种族、宗教信仰、文化倾向、民俗风情、生活习惯等方面与目的地居民之间的差异。调查显示不同民俗背景的游客在出游目的、消费习惯、出游偏好等方面有差异。到凤凰旅游的大部分人都是为了置身在吊脚楼、石板街中感受凤凰苗族的苗风和苗韵。

五、游客心理及行为特征分析

（一）游客对目的地的感知状况

关于游客对目的地的感知本次调查采用了封闭式和开放式两种问卷形式。第一项结果显示游客对凤凰的民俗风情和自然风光的感知较好，游客对本地的民俗风情和自然风光评价中 62% 认为很美、39% 认为较美、6% 认为一般、3% 认为不美。游客对于凤凰的历史文化遗迹等方面同样表现出了巨大的兴趣，但只有 15% 的游客表示对凤凰很了解，44% 的比较了解，21% 的了解程度一般，14% 不太了解，6% 的表示一点也不了解。

此外，调查得知湘西凤凰地区在沿海地区游客心中仍然是野蛮、贫穷与落后的代名词，湘西土匪在他们心目中有着根深蒂固的印象。要改变这一形象，只有进行积极的宣传，让外界了解凤凰有着淳朴的民风、绚丽多彩的少数民族文化和厚重的历史文化遗产，才能改变游客心目中的原生形象。在调查游客是否愿向其他人推荐到凤凰旅游时，59.4% 的游客表示会积极推荐，28% 的游客表示可能会推荐，3% 的游客表示不知道，9% 的游客表示不会推荐。在询问游客是否会考虑重游时，30% 的游客表示一定会，36.1% 的游客表示可能会，12.5% 的游客表示不知道，21.3% 的游客表示不会。可以看得出，多数游客在旅游结束后对凤凰的旅游形象认识有了很大的改变，愿意积极向其他人推荐来凤凰旅游。

经过对游客了解途径的调查，得知有 42.1% 的人群主要是通过亲戚、朋友、同事的亲身经历来获得对景区的第一印象，25.7% 的通过报纸、杂志、电视广播、网络媒体了解景区。而通过旅行社及导游获得信息的只占 12% 左右，这说明人们在了解景区的过程中首先选择最信任的途径。这也提醒旅游宣传部门和企业一定要注意宣传的对象和方式的选择。同时也显示出旅游管理部门和旅行社在旅游服务信息传播方面还有许多欠缺。

游客了解凤凰景区的主要途径为通过亲戚和朋友的介绍，理由是对其最为信任。电视、网络也是游客的主要途径之一。旅行社和导游及报纸杂志为游客选择最少的途径。这显示出游客对电视网络的信任度也较高，而多数游客对旅行社及导游不太信任。只有 5% 的游客选择了多种途径去了解景区。另外有 20.9% 的游客是通过出差或工作需要，如文教、体育、会议、商务活动等方式了解的。这些都从侧面反映出外地游客对于凤凰缺乏了解。原因有：①旅游管理部门的对外宣传不够。凤凰的广告宣传主要集中在省内，而外地游客无从了解。②部分旅行社和导游不能充分取得游客信任，甚至向游客提供虚假信息，产生了诚信方面的恶性循环效应。③部分游客自身抱有偏见，并把这种偏见传染给身边的亲人、朋友和同事，进而影响凤凰景区良好形象的建立。景区管理者、旅游企业需要通过良好的服务、强大的宣传去解决这一难题。比如，可以借“中国凤凰苗族银饰节”“中国南方长城中韩围棋赛”等节庆活动为契机，迅速提升凤凰的旅游形象。

（二）目的地居民的态度分析

经调查分析，游客对与凤凰地区居民的交往较为满意，这说明目的地居民对游客的到来较为欢迎。

表 5-3　景区游客与当地居民交往的满意度情况

项目	很满意	较满意	一般满意	不满意	很不满意
居民交往	35%	46%	13%	4%	2%
居民态度	37%	42%	16%	4%	1%

东道主，尤其是目的地居民对游客的态度反映出地方旅游的发展阶段。旅游人类学的观点认为，旅游者与旅游地居民之间的文化互动关系要经过三个阶段：抵触阶段、谅解阶段、配合阶段。经济互动关系有交换、依赖、合作关系。考察发现，主要景区周围的居民与游客在经济上确实存在上述关系，而且旅游发展较快的地区和游客较多的景区更加趋于这种关系。可能是出于经济利益的考虑，当地居民与游客的关系已经达到了配合阶段。

（三）游客出游动机与偏好分析

通过对游客的问卷调查发现，游客中以增长见识、开阔视野为出游目的的占46%，以调节心境、放松身心等为出游目的的占25%，纯粹以游山玩水为出游目的的占21%，因商务、会议、疗养等为出游目的的占6%，因出差或工作而公务旅游的占8%。分析认为目前观光游客已不再是凤凰旅游市场的主体，因此未来的旅游产品或项目开发应注重其文化内涵的发掘提升以及科学价值的体现。尤其是能表现具有凤凰地域文化特色的产品。如挖掘南华山、奇梁洞、国家地质公园的科考价值，在深化观光旅游的基础上发展科考旅游；开发凤凰古城、南方长城、黄丝桥古城等历史文化旅游产品系列；开发山江苗族博物馆、老洞苗寨、勾良苗寨等民俗风情旅游产品系列；开发沈从文故居、熊希龄故居、黄永玉画楼等名人文化旅游产品系列等。

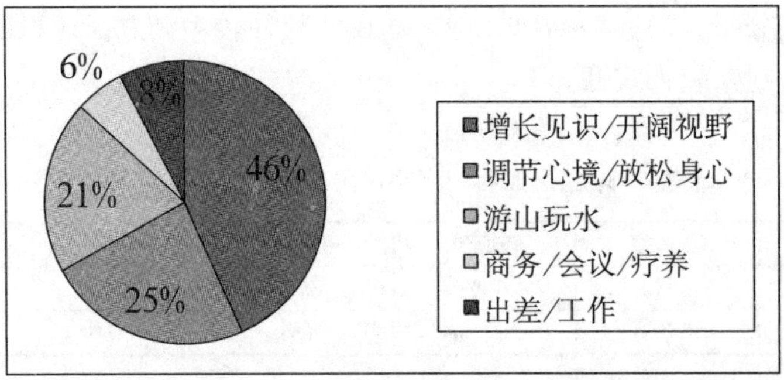

图5-2 凤凰景区游客出游动机分类（根据调查结果绘制）

从出游组织方式偏好看，多数游客倾向于集体出游，同学、亲朋好友、同事组织出游及自由出行。集体出游者主要是单位或集体作为对职员的福利及奖励组织的；同学朋友或同事组织出游则因志趣相投，具有共同的偏好；自由出行者多为闲暇时间较充足，经济能力强的旅游者。中国人因为有全家团圆的风俗传统，因此全家出游者所占比例也很大，达18%。经由旅行社组织的份额较小，比例只占 12%。基本上都是远距离游客。所以从游客出游方式看，目前到凤凰旅游者以集体组织和散客形式出游为主，旅行社组织只占有较小比例。

六、客源市场综合分析

（一）凤凰客源市场总体特征

总体来看，凤凰客源市场有如下特征：地域分布方面，海外客源市场集中，亚洲市场以 96.53% 的比例在外国市场中占绝对优势，其中以韩国、日本、新加坡、印度尼西亚为主要的客源国；国内客源市场相对境外客源市场而言要分散得多，分布相对较为均匀，整体而言，短线游客多，长线游客少。时间方面，春节、5 月、7 月、10 月是四个旅游高峰时期，而每年的 12 月、1 月、2 月是景区旅游的淡季。游客人口学特征表现为，男性游客略微多于女性游客，50 岁以下游客占 92%。企事业管理人员、学生、产业工人、政府职员为主要游客群，教育、科技、文化、传媒、商务人员为次要游客群。游客行为特征方面：以增长见识、开阔视野为旅游目的的占大多数，而单纯游山玩水观赏风景的很少，多数游客的出游动机是多目的的。

（二）凤凰旅游客源市场游客评价分析

从问卷调查及实地访谈看，旅游者对凤凰主要景点的总体满意度评价较好。有 29% 的游客很满意，50% 的游客比较满意，18% 的为一般满意，较不满意的占 2%，很不满意的占 1%。总体来看，绝大部分游客对凤凰旅游之行是感到较为满意的。

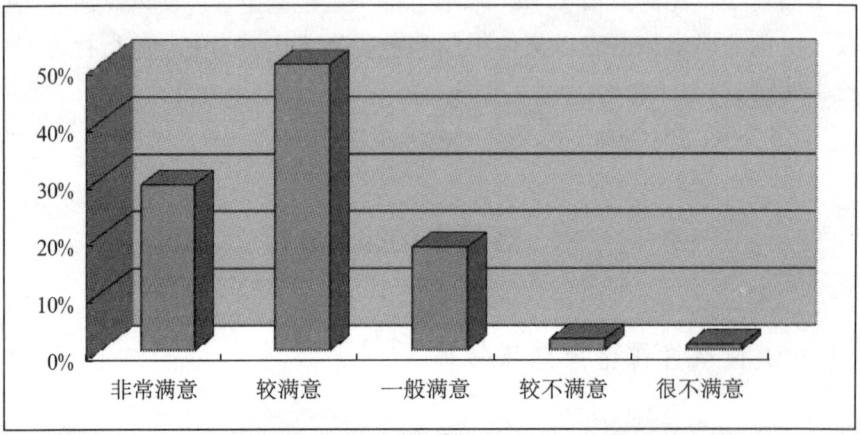

图 5-3 凤凰主要景区游客总体满意度（根据调查结果绘制）

（三）客源市场的消费特征

主要表现为人均消费额低，消费结构不合理，旅游者逗留时间短。从2001—2011年游客人均消费额的变化情况分析，2001年游客人均消费为300元，到2011年为650元，年均增长率为3.5%，考虑到交通、住宿、物价涨幅因素，实际消费水平增长不大。这反映出游客在凤凰的实际花费较以前有所下降，更从侧面反映了凤凰旅游产品亟须优化升级和深度提升。从整体消费情况看，在过夜旅游者的支出中，长途交通费用占12%，住宿占20%，餐饮费用占16%，景区游览占14%，娱乐占6%，购物费用占10%，市内交通费用约占3%，通信占1%，其他支出占18%。而一日游游客支出中，长途交通费用约为22%，餐饮占21%，景区游览费用占19%，娱乐占6%，购物占15%，市内交通费占4%，通信费占2%，其他支出占12%。目前国外旅游业发达地区的游客支出中，购物花费占到40%～60%，而凤凰此比例仅为10%～15%，且人均逗留时间较短，为1.8日。可见其旅游商品开发中存在严重问题，但也蕴藏着巨大商机。

第三节　凤凰旅游客源市场发展的优劣势分析及评价

一、优劣势分析

（一）优势

（1）凤凰文化旅游资源丰富。悠久的历史军事文化、神秘的楚巫文化、灿烂的民族文化和名人文化的有机组合，形成了高品位的文化旅游资源群。

（2）良好的自然条件。山清水秀的自然风光给文化旅游发展以源源不断的养料。

（3）有利的政策支持条件。凤凰各级政府和旅游相关部门提出了文化旅游再发展的战略性目标。

（4）庞大的潜在客源市场。随着旅游业的发展和成熟，旅游者在旅游过程中已不再满足于观光旅游所带来的视觉享受，而越来越注重精神享受与物质满足的组合，对旅游产品文化内涵的深度和文化品位的追求日益强烈。文化旅游作为凤凰的金字招牌，吸引了无数文化旅游爱好者。

（二）劣势

（1）凤凰既不沿沿海，又不沿边，远离大型的旅游中心城市。

（2）旅游资源及产品的开发力度不够，尤其是文化内涵开发研究不足，人才、资金匮乏；旅游产品文化内涵有待提升；旅游商品缺乏地方特色；景区管理机制混乱，服务意识淡薄，管理措施缺乏人文关怀。

（3）区域经济发展落后，旅游发展缺乏后劲。在城市规模、城市发展速度、经济发展水平、居民收入状况和生活水平、旅游产品开发的档次、旅游形象的宣传与塑造、旅游人才的拥有等方面，凤凰均远远落后于全国旅游城市。

(4) 城市交通发展滞后。因凤凰处于湘西老少边穷地区，对外交通中铁路占主导地位，公路交通方面主要问题是公路等级低、尚未形成通畅的东西和南北大道；景区交通建设也严重滞后。

二、机遇与挑战分析

（一）机遇

(1) 交通条件得以改善。经过多年的建设，湘西州交通事业得到很大发展，已经形成铁路、公路、水路综合运输格局，昔日湘西交通闭塞的状况得到较大改观。焦柳铁路，由北向南穿过州内五县市，境内里程 132 公里，是湘西州交通运输的一条主动脉。截至 2009 年底，全州公路总里程 10 478 公里。州境内有 2 条国道（G209、G319）428 公里，6 条省道（S229、S230、S231、S305、S306、S308）495 公里、县道 1 650 公里、乡道 3 906 公里、村道 3 951 公里；按公路技术等级分：高速公路 49 公里、二级公路 188 公里、三级公路 517 公里、四级公路 3 442 公里、等外公路 67 282 公里。公路密度为：67.76 公里 / 百平方公里，38.25 公里 / 万人。全州已实现乡乡通公路，公路通村率 96.88%。境内吉首至茶洞、张家界至花垣、吉首至怀化、凤凰至贵州铜仁大兴高速公路正在抓紧建设。先后完成了县城二级客运站、栗湾停车场、凤凰源停车场、游客服务中心与一批星级宾馆酒店和旅游接待娱乐设施建设。在航空方面，州府吉首与张家界机场和铜仁机场分别相距 152 公里和 80 公里，航空运输较为便利。

(2) 景区建设与保护得到重视。一是维修文物景点 110 多处，实施了南方长城、虹桥风雨楼、杨家祠堂、田家祠堂、南华门、古城墙城楼、沈从文故居、熊希龄故居、万寿宫、天后宫、笔架山公园、文化广场、奇峰广场、八角楼等景区景点、文物古迹的保护维修，对沱江沿河风光带进行了维修整治和亮化美化，实施了古城绿化及30万盆鲜花装扮与夜景灯光亮化，目前，正在对古城背景山南华山、八角楼景点设施进行配套和完善；二是实施了东正街等古城历史街巷改造维修和四线入地，改造古城步行街14.418公里，改造维修景区大小道路累计18.64公里。对沱江河道全长3.5公里实施了全面清淤和小河1.8公里环境综合治理。

(3) 凤凰已跻身于湖南三大旅游目的地之一，“天下凤凰”旅游品牌蜚声海内外。凤凰先后被评为中国旅游“十大最好去处”“五十个必去景点”和湖南“十大优秀文化遗产”之一，荣登中国县域旅游品牌榜十强，两度入选“新潇湘八景”，被日本国家电视台推介为“世界名镇”，跃居“9个最值得去的中国古镇”榜首，超过丽江被中国摄影家协会列为“最美的古镇”之首，明确了旅游业是凤凰的战略性支柱产业。

（二）挑战

(1) 凤凰周遭分布着一批在国内有着一定影响力的旅游景区，如拥有世界地质公园和世界自然遗产头衔的张家界景区，吉首德夯少数民族风情景区，王村古镇，永顺猛洞河漂流和不二门景区，贵州梵净山风景区，其中黔东的梵净山自然保护区已经纳入了世界人与生物圈保护区网，张家界景区也以奇特的石英砂岩峰林地貌于1992年被联合国教科文组织加入了世界自然遗产名录，且张家界旅游业发展起步早，对凤凰旅游客源市场份额的扩大极为不利。因此凤凰如何趋利避害，将周边城市竞争带来的不利因素转化，也是相关研究人员及管理者面临的一大难题。

(2) 由于缺乏资金，造成对“民保”“文保”的投入杯水车薪。民族文化的挖掘、保护、传承和开发利用是一项错综复杂的工程，它牵涉到民族地区人民群众生活的方方面面，所以资金投入需求量非常大，而地方财力的限制使得专项资金十分有限，“民保”“文保”工作面临雷声大雨点小的局面。

第四节　凤凰旅游客源市场开发的前景

一、客源市场的发展趋势

随着国民生活水平的逐步提高，人们有更多可自由支配的收入和闲暇时间，人均出游率上升。凤凰处于湘西自治州的边陲地区，具有良好的自然生态环境，同时拥有垄断性强的旅游资源。如何去充分开发并利用好现有条件和资源，是凤凰旅游业发展的突破口。凤凰旅游业的发展表现出了以下特征：

（1）进入了高速增长阶段。2009 年凤凰共接待游客 485.95 万人次，同比增长 13.93%；实现旅游收入 26.09 亿元，同比增长 35.32%，而 2001 年接待游客仅 57 万人次，实现旅游收入仅 7 400 万元。从接待游客的数量上看，2009 年比 2001 年增长了近 10 倍，从旅游收入上来看，2009 年是 2001 年的 36 倍多。

（2）旅游消费仍将缓慢抬升。多年来来凤凰旅游的游客人均消费不高，维持在 400 元左右。游客人均购物花费在旅游花费中的比例很小，2009 年仅为 18%。而国内外旅游发达地区的比例一般达 40% 左右。随着凤凰旅游商品及旅游产品的深度提升和深入开发，人均消费额将有缓慢上升，但增长有限。如能在旅游商品开发方面有大的举措，将有利于旅游消费的增长。

二、凤凰游客流量预测

在区域旅游客流预测方面较为常用的方法一般有回归分析法预测、增长趋势分析预测、时间序列分析预测和近年来使用的人工神经网络分析预测等。

本书中使用了最常用的增长率预测法。采用的数据是2002—2012年凤凰游客总人数。首先对其进行相关分析，得到年份与游客人数之间的相关系数为R=0.868。然后求得2002—2012年游客人数年平均增长率为23%，利用公式

$Y=62\times(1+23\%)^n$（以2002年游客人数为基数，n为预测年数）

得到2013年的游客人数为683万人次。未来游客接待量将保持8%～10%的速度年均增长。

第五节　凤凰旅游客源市场开发的方向与对策探讨

一、客源市场开拓

（一）立足湖南，面向全国的发展战略

从凤凰的实际情况分析，今后凤凰客源市场拓展的方向是继续巩固省内及广东、珠三角等较成熟的旅游市场。向以重庆为主的西南、以上海为主的华东、以北京为主的北方市场拓展，以港澳台、日韩市场为主的境外游客增长。根据学者的研究，湘西旅游发展面临三大挑战：一是直接经济效益不容乐观；二是市场不够成熟，秩序混乱，形成无序竞争；三是面临东部旅游的竞争。凤凰旅游面临的挑战主要有：外部发展环境不佳，具有旅游发展的得天独厚的资源优势，但对外交通有待改善。地区经济发展滞后。周边旅游城市给凤凰旅游业发展造成压力。同时内部条件不佳，缺乏真正懂管理、掌握旅游规划与开发技术的专业人才，影响了旅游业的发展。

在开发战略方面，湘西旅游业应采取政府主导与企业运作相结合的管理运营模式；资源与市场相结合的资源、产品、产业三优转化产品开发模式。

凤凰尚未形成快捷通便的对外交通；旅游信息传播、沟通咨询服务等方面不齐备；景区产品开发多处于低层次的观光游览档次，缺乏参与性强、文化品位高、知识娱乐性融合好、专业性与猎奇效果俱佳的高层次产品；景区

管理水平落后，机制混乱，服务意识淡薄，人文关怀体现不够；旅游商品缺乏地域特色。这一系列问题都反映出凤凰旅游客源市场扩张面临巨大挑战。根据这种现实，凤凰旅游客源市场的开发应采用省内及周边城市地区为主，远距离市场为辅；国内市场为主，国际市场为辅的战略，加强对外宣传，制订年度营销方案。凤凰虽然积极参加国际性的旅游交易会、洽谈会、旅游博览会，积极到日韩及欧美国家举行推介会，但从客源发展看效果不是很明显，主要表现为客源数量增幅不大。其主要原因是客源市场距离目的地越远，受各种干扰因素的影响也就越大，其市场稳定性越差。因此在对远距离客源市场进行营销时一定要慎重，否则会劳而无功。

国内市场应以经济发达、出游率高的少数大城市为据点展开营销宣传，同时也须注意宣传的手段和方式。在境外客源市场中中国台湾地区（占9.9%），中国香港地区（占9.4%），马来西亚（占4.37%），日本（占1.89%），故目前最现实的办法是加强对港澳台地区和东亚、东南亚市场的营销力度，在近距离市场的增展幅度达到一定程度且增幅不大之后再转移营销宣传的主阵地。

（二）应特别重视开拓学生市场、单位集体出游市场

学生游客群在凤凰客源市场的比例较高。湖南高校数量多，凤凰旅游的平均花费也不高，学生能够承担，因此周末、小假期和寒暑假，在凤凰可以看到很多学生背包客。如能针对学生群体推出价位合理的项目产品和特色鲜明的主题活动将吸引大批的学生群来凤凰旅游。凤凰空气质量较好，人文环境舒适，适合上班一族放松身心、调整心情。而且凤凰拥有1个国家级森林公园和1个省级森林公园，可提供疗养、休闲、温泉洗浴、度假等较为完整的服务设施与体系。

（三）培育旅游热点市场，顺应现代旅游者的需求

根据以往实际情况，凤凰旅游主要发展的方向应是文化旅游产品、生态旅游项目。从当前旅游发展的热点看，凤凰在会展旅游、扶贫旅游、假日旅游等方面的旅游开发均处于初级开发阶段。从实际情况看，则需要充分发掘

中国凤凰苗族银饰节、中国凤凰苗歌节的文化底蕴，利用以苗族为主的少数民族文化、以古城为代表的名人文化和历史文化、以南方长城兵营为代表的军事文化开展主题文化旅游开发，邀请国内外专家学者展开相关主题的研究探讨，为旅游开发奠定文化背景基础。另外，要加大主要森林公园的开发力度，改善交通条件，增强可进入性，全面提升管理水平，以高品质的服务质量赢得旅游者的青睐。同时应该培育旅游热点项目市场，以满足旅游者的需求为目标去开发旅游产品。

（四）积极尝试开辟专项旅游市场，发展地域特色极强的旅游产品市场

凤凰有许多垄断性极强的地域文化发展项目。如南华山、奇梁洞国家地质公园具有很好的科考价值，但目前只开发了南华山和奇梁洞的观光旅游价值，而科考价值没有得到开发。因此，本书的构想是打造四个凤凰的专项旅游产品系列：以南华山、奇梁洞、沱江风光为主要景区的山水风光旅游产品系列；以凤凰古城、南方长城、黄丝桥古城为代表的历史文化旅游产品系列；以山江苗族博物馆、老洞苗寨、勾良苗寨等为代表的民俗风情旅游产品系列；以沈从文故居、熊希龄故居、黄永玉画楼为代表的名人文化旅游产品系列。

二、采取对策

（一）开发地方特色浓郁、发展潜力大的项目产品

要提高凤凰文化旅游对当地财政的贡献率，唱响“天下凤凰”文化旅游品牌，使之成为凤凰的“金子”名片，必须扶持一批文化旅游产业集群，开发一批文化旅游产品展示凤凰文化内涵。

(1) 培育楚巫文化旅游产业集群。以万寿宫为主整合天后宫、天王庙等资源，开发移民文化、宗教文化旅游产品。以南方长城苗疆边墙为核心，开

发兵战文化旅游产品等。

(2) 培育凤凰名人文化产业集群。以熊希龄、沈从文等凤凰名人故居和全县12个历史文化名村为主要载体，开发历史建筑和民族建筑文化旅游产品。以沈从文、黄永玉等文化名人的作品开发名人文化旅游产品。

(3) 培育民俗文化旅游产业集群。围绕民族民间文化，开发以傩文化为重点的系列文化旅游产品。围绕赶边边场、椎牛、喝拦门酒等民间习俗，开发独具凤凰民间习俗的文化旅游产品。以苗族服饰为主，开发具有浓郁民族特色的服装、银饰等系列文化旅游产品。以凤凰非物质文化遗产为中心，开发苗族鼓舞、苗族银饰锻造技巧、刘大炮蓝印花布、湘西阳戏、聂氏纸扎、凤凰茶灯等已经具有一定特色的文化旅游产品，形成“城”（凤凰古城、黄丝桥古城），“边”（南方长城），“河”（沱江河），“文”（民族文化、名人文化、兵战文化）等系列精品旅游，提升凤凰文化旅游产业的整体竞争力。

（二）尽快出台鼓励开发旅游商品的相关政策，积极开发特色旅游商品

我国的旅游商品收入平均占旅游总收入的23%，而旅游发达国家则达到40%～60%。从实际调查情况看，2008年凤凰县共实现旅游总收入17亿元，旅游商品加工业共实现工业总产值是9 460万元，仅占旅游总收入的5.56%，而同年张家界市旅游商品经济占旅游总收入的比重达30%，部分旅游发达地区甚至高达70%。这也充分说明凤凰在旅游商品开发方面大有文章可做。

同时，在商品的特色上需要下大工夫。通过凤凰的实地调查数据发现，凤凰80%的旅游商品来自云南、贵州、浙江等地。另外，已开发的旅游商品中，体现地方特色的商品较少，货物品种极为近似，特别是民族特色产品难觅踪迹。千篇一律的廉价玉器、粗制滥造的小装饰品和小工艺品等，在全国的众多景点都随处可见，这些无法体现当地文化内涵。没有特色的旅游商品就没有纪念价值，很难吸引旅游者购买。因此，凤凰在旅游商品开发中不能模仿外地的旅游商品，而应立足本地，开发反映凤凰地域文化、风俗民情、自然风光，特别是古城特色的旅游商品。

（三）加强对外宣传力度，展开旅游形象塑造研究，打造凤凰独特的旅游形象

凤凰旅游市场形象设计应在其地理文脉和历史文脉研究的基础上，结合客源市场和竞争环境分析提出旅游地形象的内在理念和外在界面。总体而言，为使凤凰旅游形象更富有鲜明的地域和民族特色，需加强文化在旅游形象设计和建设中的渗透。具体来说，凤凰的地格特征有：悠远的黄丝桥古城、古朴典雅的沱江古街、雄伟壮观的南方长城、自然纯朴的苗寨风情、底蕴深厚的名人旧居。针对凤凰的地格特征和文化特色，其旅游市场形象设计的文化渗透思路如下：首先确立文化基调，其次从旅游地环境的文化建设和旅游地旅游产品的文化融入方面体现文化内涵，最后通过构建文化空间、举办节庆活动和培育人文精神等来营造文化氛围。凤凰可以通过口号“重返边城，远离世俗”“神奇的南方长城，淳朴的苗家人民”“一路青石板，两袖清凉风”等鲜明的口号来宣传。

（四）改善投资环境、解决资金与人才问题

资金与人才问题是困扰所有景区开发、客源市场开发的难题。旅游客源市场的扩大主要取决于旅游产品和服务是否符合市场需求、顺应市场发展的趋势，关键是是否有熟悉市场发展动向、充分掌握市场营销规律的高级人才。因此必须改善宏观投资环境，制定有利于资金和人才流入的政策与具体实施办法，以彻底解决阻碍投资和人才进入的旧观念、旧机制。必须大力引进高层次的旅游开发与管理人才，出台切实可行的人才吸引政策和措施，同时加大对市场营销的资金投入，从每年的旅游收入中按比例划出部分资金专门用于宣传与营销。

（五）协调与理顺管理及发展机制

有效的景区管理不但可以促进服务质量的提高，而且还能节约管理成本、提高景区综合经济效益，赢得旅游者的好感，树立良好的服务形象。其根本

在于服务人员必须具有为游客服务的职业目标和以人为本的服务观念。旅游管理措施应渗透人文关怀的理念，而不能按僵化的行政管理机制去实施景区管理，只考虑眼前利益而忽略长远利益，只关心部门行业经济利益而忽视社会其他群体的利益和公众的利益。

（六）积极倡导和推进区域旅游合作机制

旅游业是关联性很强的行业，闭关自守不利于旅游业的发展，甚至会使旅游发展进入一个死胡同。所以旅游经济的发展必须打破部门保护主义、行业保护主义和地方保护主义的思维观念。

凤凰旅游处于大湘西旅游圈中，应积极和周边地区合作，融入大湘西旅游圈中。相关部门应积极利用已达成的合作意向，采取主动的态度筹划未来发展目标，制订切合实际的措施推进区域旅游合作。同时也须加强地域内部不同行政区的合作开发，充分发挥政府在旅游开发中的指导作用。如组建跨地区的旅游开发集团公司等，通过合作达到共赢，开创凤凰旅游开发的辉煌篇章。

第六章
凤凰历史文化名城文化旅游发展理念研究

没有文化的城市是没有品位的城市，没有文化的产业是没有生命力的产业，“文化旅游”即秉承和延续了这一思想。“旅游是文化的载体，文化是旅游的灵魂”，这是凤凰文化旅游的核心，也是凤凰能拥有别具一格魅力的关键。凤凰旅游资源以人文历史和民俗风情为主，从民国内阁总理熊希龄到文学巨匠沈从文，从巍然屹立的南方长城到千年传承的民俗风情，从别具一格的建筑文化到风味独特的地方饮食文化等，这些地方文化资源是凤凰最大的特色和财富。1999 年，凤凰率先提出了“文化旅游”这一全新课题，并以“文笔凤凰、画笔凤凰、镜屏凤凰、音乐凤凰”四大文化体系充实其内涵，实现了文化与旅游的完美结合，为旅游产业发展开创了新的空间。

第一节　凤凰的文化类型和特征

一、凤凰的文化类型

历史文化名城凤凰的文化类型主要包括三大类：第一是以苗族为主的少数民族民俗文化；第二是以古城为代表的名人文化和历史文化；第三是以南方长城兵营为代表的军事文化（见表 6-1）。笔者根据凤凰三大类文化类型的地理分布，得到凤凰文化旅游区分布图（见图 6-1），从图 6-1 我们可以看到凤凰文化旅游区主要包括以苗族为主的少数民族民俗文化旅游区，以山江和腊尔山为代表；以古城为代表的名人文化和历史文化旅游区，以凤凰古城为核心；以南方长城兵营为代表的军事文化旅游区，以南方长城和黄丝桥古城为纽带。

表 6-1　凤凰文化类型分类表

文化主类	亚类	主要代表
少数民族文化	饮食文化	酸鱼、血粑鸭、腊肉、社饭、酸汤、菜豆腐等
	民居文化	吊脚楼、保家楼、宅院、寨落等
	古风习俗	苗族婚嫁“干边边场”“会姑娘”、拦门酒、拦路歌等
	节日古礼	四月八、春社、六月六、赶秋、吃新节等
	戏剧舞蹈	傩戏、苗族鼓舞、阳戏、茶灯戏等
	民间工艺	苗族服饰、苗族银饰、蜡染、苗家刺绣、苗族剪纸、纸扎、印染等
	宗教信仰	自然崇拜、图腾崇拜、祖先崇拜、苗族迷信鬼神、盛行巫术
名人文化和历史文化	名人文化	凤凰“筸军”、熊希龄、沈从文、黄永玉等
	历史文化	万寿宫、遐昌阁、虹桥、万名塔、朝阳宫等
军事文化	南方长城、黄丝桥古城、拉毫石头寨、舒家塘古堡、亭子关等	

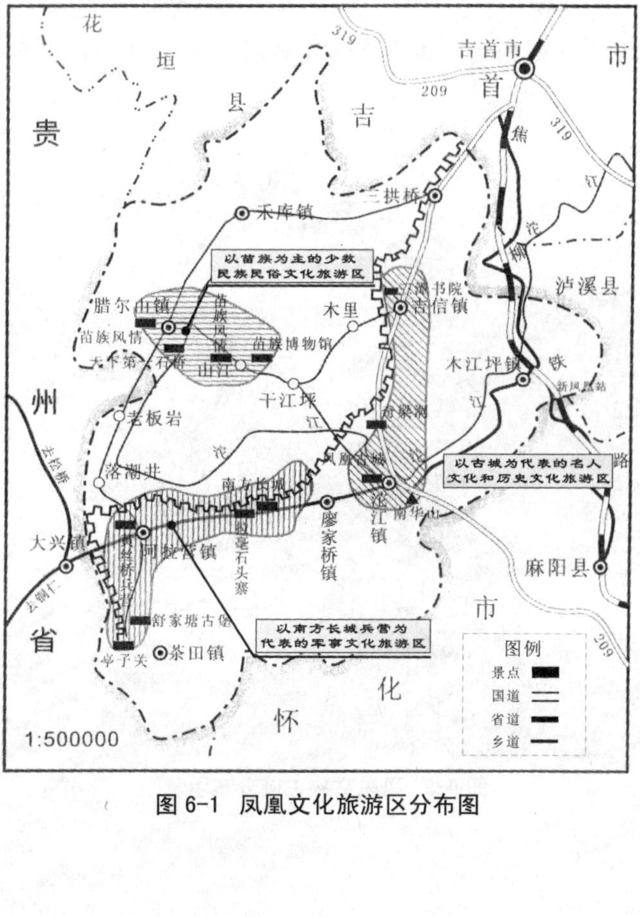

图 6-1　凤凰文化旅游区分布图

二、凤凰的文化特征

（一）历史文化深厚，古朴的历史风貌保存完整

到新中国成立前，凤凰一直是大湘西的政治、军事、经济和文化中心。唐垂拱三年（公元 687 年）设立渭阳县，元朝时设五寨长官司，清康熙三十九年（1700 年）设凤凰厅，民国二年（公元 1913 年）改厅为县，称凤凰县，相沿至今。以古城为核心区的明清建筑保留完好，有县级以上文物保护单位 85 处，其中国家级 2 处、省级 8 处；有古遗址 116 处，特色民居 120 多栋，珍贵馆藏文物和各类珍稀化石 1 万多件，是西南地区现存文物古迹最多的县份。2001 年被列为国家历史文化名城。

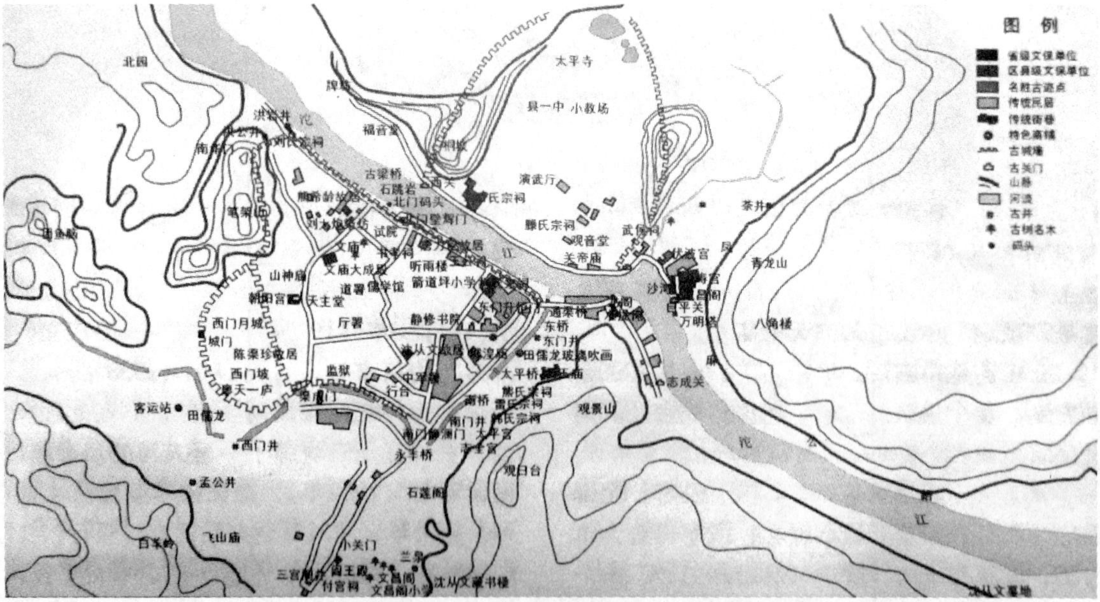

图 6-2 凤凰文物古迹分布示意图

（二）文化底蕴厚重，楚巫文化特色鲜明

楚文化与当地土著文化的结合，苗汉文化的相互交融，南方各省文化在这里的重新组合、碰撞，形成了凤凰独具一格的地域文化。佩带项圈、手镯、挂链、凤冠、花带、戒指等服饰古风不改，有“原始戏剧活化石”之称的傩堂戏、地方风味十足的阳戏、散发着泥土清香的“文茶灯”等古戏曲，玻璃吹画、蜡染、纸扎、苗族银饰等古老民间工艺，在这里得到保护和传承。凤凰被联合国教科文组织授予“民间工艺大师”称号的有6人。苗族银饰、苗族鼓舞被列入国家第一批非物质文化遗产重点保护名录。

（三）民族文化丰富，民俗风情浓郁

以苗族、土家族风情为代表的多元交融的民族风情，构成独特的民俗景观。苗族、土家族能歌善舞、喜刺绣，迎接客人要喝拦门酒，青年恋爱以木叶和歌声传情，赶边边场定亲。每年四月八、六月六等民族传统节日，吹唢呐、打苗鼓、唱苗歌、上刀梯、踩犁口、演傩戏、展服饰等节目精彩纷呈。

（四）人灵地杰，名人文化突出

富有张力和活力的人文精神，孕育出以民国内阁总理熊希龄为代表的政治家，以沈从文为代表的作家，以黄永玉为代表的艺术家，以郑国鸿、田兴恕为代表的“筸军”人物。清道光二十年（1840年）至清光绪元年（1875年）的36年间，凤凰就涌现出三品以上军官188人，民国时涌现出少将以上军官34人。

第二节 凤凰历史文化名城文化旅游的开发导向

一、文化旅游开发的战略和重点

（一）明确发展思路

充分利用凤凰古城深厚的历史文化、浓郁的民族风情、秀美的自然风光，创造性地提出了“文化旅游”理念，将“文化旅游”明确为旅游业发展的主导思路。同时，按照“五个提升”（即由观光型旅游向休闲型旅游提升，由数量规模型向质量效益型提升，由培育市场向规范管理提升，由支柱产业向主导产业提升，由历史文化名城向世界文化遗产提升）的要求，着力将凤凰古城打造成湘西旅游龙头、湖南旅游精品景区和世界旅游目的地，实现“省内精品、国内名品、国际新品”的目标。凤凰旅游开发的总体思路是确定“大旅游”的开发思想。

1. 广义理解历史文化，树立大资源的开发观念

可围绕广义历史文化理念，深入挖掘各类资源的内涵，实施资源有效整合。有些资源从表面看，似乎与历史文化无关，但深入挖掘，完全可以整合到历史文化这一框架中来。如南华山属砂页岩低山，奇梁洞为石灰岩溶洞，腊尔山属岩溶中山山原，初看起来，它们全为自然景观，但从自然历史的角度看，它们却反映了地史时期，凤凰自东南向西北由陆地到浅海到深海这一沉积环境的渐变。如果把对这种变化情况的考察了解纳入到旅游中来，必将激发起游客对地质地史学的浓厚兴趣，就可能使简单的观光游览演变成高层次的科学考察，大大增强游客的参与性和旅游的科学文化内涵，使看似纯自然的东西，赋予自然历史和科学文化色彩，提高其旅游价值与品味。

2. 大区域的开发意识

旅游开发决策必须突破地方主义观念的束缚，实现大区域资源共享、市场共享。凤凰的民族风情、湘西风情旅游资源与吉首、怀化有类同的地方。如果把眼睛只盯在自己的这一份资源和市场上，就可能形成竞争，不利于旅游业的发展。如果从大区域的角度出发，主动与吉首、怀化联合，在规划上统一行动，在功能上有所分工，在开发上有所侧重，在宣传促销上相互协作，在客源市场方面实施共享，就可能收到事半功倍的效果。又如凤凰的历史文化旅游资源品位高，名气大，而邻近铜仁的梵净山是有名的佛教圣地，如果老死不相往来，对二者旅游业的发展都不利，如果开展区域协作，进行客源交流，就会促进二者的同步发展。

3. 大网络的开发战略

把旅游开发与国家西部大开发结合起来，与县域经济和社会进步结合起来，与基础设施建设、城镇建设、生态建设、特色产业、科技、教育和体制创新结合起来，统一考虑，以提升旅游开发的质量和成效。

（二）名牌型战略

自从我国确立市场经济体系后，被人们称之为“市场经济火车头”的名牌经济便成为我国经济发展的热点。与其他产业一样，文化旅游的发展应该遵循“文化—商品—品牌—名牌”的轨迹向前演进。凤凰文化旅游资源作为一种极具开发潜力的经济资源，在市场经济时代必须实现转型，走名牌经济的发展道路。凤凰文化旅游要牢牢树立世界级的精品意识，并通过塑造特色品牌，争创精品名牌得到旅游消费者的认同和接受，从而在品牌经济时代完成自己的市场定位。西递和宏村打造“世界文化遗产”的名牌之后即在短时间内成为海内外旅游热点的成功经验证明，只有以资源为基础，开发出自己的拳头产品，用精品名牌来塑造自己的产品形象，凤凰文化旅游才能占领国内外市场制高点，走上良性发展的轨道。

凤凰文化作为军事文化、名人文化、历史文化和少数民族民俗文化的集合体，本身就是文化品牌，其文化旅游资源品牌更是得天独厚，丰富多彩，为其旅游深度开发、实施名牌型战略提供了良好的条件。今后的方向应该是围绕“凤凰文化”这一主题大作文章，唱响“天下凤凰”文化旅游品牌，全面实施名牌及名牌带动战略，不断改造和完善现有产品，开发和建设新特产品，丰富旅游内涵，使旅游产品数量增长的同时，质量也得到提升，把优势资源开发建设成旅游精品、绝品、极品，并通过重视项目建设和旅游线路的包装将这一精品名牌打出来。此外，还要加强品牌的管理和维护，使其发挥更长久、更强劲的市场影响力，从而做大做强凤凰文化旅游产业。

（三）规模型战略

现代企业经营离开规模战略将难以生成良好效益和竞争优势，因为只有规模经营和规模建设才能降低成本，才能使资本产生更大的增值弹性，从而实现规模效益。文化旅游的发展和其他行业的发展具有相同的特点，即必须走规模化经营、集团化发展之路，这也是文化旅游资源从商品化向产业化过渡过程中的必由之路。对于凤凰文化旅游而言，要想抢占国内国际市场，在塑造名牌产品的同时，还必须打破区域限制，集中优势力量，形成一定规模。“单打独斗”式的开发和经营则会显得势单力薄，竞争乏力。

凤凰文化旅游规模发展主要有两条渠道：

其一是以市场为导向，提供从基础层旅游产品（观光式）到提高层旅游产品（表演式）和发展层旅游产品（参与式）的凤凰文化旅游产品系列及其协调的产品结构，合理配置旅游地的资源信息和接待服务体系，形成“市场—资源”共扼型的空间地域综合体，满足不同层次旅游者全方位的需要。因为现代区域旅游业的产业规模和效益很大程度上依赖于完善的产品功能结构。

其二是建立统一的凤凰文化旅游网络，实行网络合作，择优企业群之间通过信息共享、优势互补共同拓展文化旅游市场，构成统一强大的声势影响。区域联合能够形成旅游产品的规模化。旅游产品的区域结构具有典型的互补和竞争的相互统一、相互促进和相互联合关系，凤凰是张家界、怀化区域旅游合作的主要廊道，所以在发展过程中，还应实施大区域合作一体化，构建文化旅游在整个旅游区近层面及周边旅游区远层面的定位鲜明、功能互补的旅游产品网络。通过系统开发，实现其外部空间协调和外围区域协作，从而形成规模效应，并在齐心协力、共同发展中增强其长远竞争能力。

（四）把握“五个开发”，打造特色旅游文化

当前凤凰文化旅游产品很多，但受旅游产品同一化现象影响较为突出，在一定程度上丧失了凤凰文化旅游产业发展的个性，很难吸引游客的眼球、给游客留下深刻印象。这就要求我们从宏观角度对全县的文化旅游产业进行积极引导，使全县的文化旅游产业朝着“文化的视觉、市场的意识、世界的眼光、民族的特色”方向发展。为此，要正确把握好“五个开发”：一是要把握好努力推动凤凰古城内与凤凰古城外文化旅游景点的联动开发；二是把握好现已开放的和尚未开放的文化旅游景点的共同开发；三是把握好重点和辅助文化旅游景点的互动开发；四是把握好外来和原生态文化旅游产品的互补开发；五是把握好文化旅游产品的保护和开发等朝着“文化的视觉、市场的意识、世界的眼光、民族的特色”方向发展。抓好“五个开发”，大力促进凤凰文化旅游向市场化、个性化、特色化、民族化、深层次化发展，为凤凰文化旅游产业的可持续发展获取比较优势。

（五）抓住“三种文化”，打造“三类集群”，拓展凤凰文化旅游内涵

凤凰旅游说到底是文化旅游。凤凰文化不是局限于地理位置区域性的地方文化，而是由一个开放的区域文化集成的文化集合体。具体来说，凤凰文化的内容可以归为三种：一是以南方长城兵营为代表的军事文化；二是以古城为代表的名人文化和历史文化；三是风情浓郁的以苗族为主的少数民族民俗文化。文化必须借助有效载体才能吸引游客的眼球。要提高文化旅游对财政的贡献率，唱响“天下凤凰”文化旅游品牌，必须扶持一批文化旅游产业集群，开发一批文化旅游产品展示凤凰文化内涵。一是培育军事文化旅游产业集群。二是培育凤凰名人文化产业集群。三是培育民俗文化旅游产业集群。

二、文化旅游产品的开发原则

（一）把握文脉原则

在这里我们把“文脉”理解为旅游开发的地理背景，它既包括一个旅游开发地（区）的“文化脉络”，同时也应包括整个自然环境和社会经济的发展脉络。在一个旅游地的旅游开发的总构思中，首先要把握“文脉”和理解“文脉”,这是一个成功旅游开发的前提。落实到具体的旅游项目的开发设计，所谓的“把握文脉”的应用就存在三种情况：一是顺应“文脉”来营造旅游的意境；二是突破“文脉”以达到出奇制胜的效果；三是顺应与突破相结合以展示开发项目的更多效果。所以把握和利用好了“文脉”，也就相当于抓住了一个旅游地的灵魂，使其不仅有血有肉，更是有了思想，也使旅游者从对旅游地过眼的初级阶段上升到过脑和过心的高级阶段。在这里，笔者把旅游者对一个旅游地的了解划分为三个境界：过眼（赏心悦目）、过脑（思想碰撞）和过心（灵魂震撼）。

（二）文化性原则

文化是旅游业的灵魂和旅游发展的根基所在。时空的分割产生了特定意义上的“距离”和“不可及性”。旅游者对不同的文化情景、文化环境的憧憬和追求便由此而产生，进而产生强烈的文化旅游的冲动。对旅游者尤其是文化旅游者而言，享受精神文化是旅游的主要目的，而且旅游者有着文化休闲、文化学习和提高文化素养等明确的需求。开发凤凰文化旅游资源，建设凤凰文化旅游项目时，要在把握凤凰文化主体特色的基础上高度重视挖掘其文化内涵，深刻体现其文化底蕴。

首先，开发时要有较高的起点和标准，要对文化旅游的内容和形式有所区分。不是所有的凤凰文化都适宜用来发展旅游业的。要充分开发利用优秀的文化传统和精华，摒弃其中落后、愚昧的成分，使凤凰文化旅游产品具有一定的水准和品位。当凤凰文化旅游项目至少在一个地区内是最好的或一流的，并在更大范围内也能产生一定的吸引力时，才予以肯定或进行恰当的开发。

其次，随着旅游业的深度开发，以文化旅游为内涵的旅游将超越以观光为特点的旅游而成为旅游的主流。凤凰文化旅游的开发者和经营者是否具备旅游文化意识，将成为凤凰文化旅游兴衰的动力。这就要求有专门的研究人员和机构去研究和发掘，对凤凰文化旅游资源进行全面而深入的研究调查，从美学、艺术、文学、史学和社会学等方面进行系统挖掘。在当今的市场条件下，没有文化品味或文化含量低、文化内涵过于单一和肤浅的旅游产品、项目是不能吸引旅游者的，所以凤凰旅游开发者和经营者应该把旅游业视为文化性很强的产业。项目开发不仅要具有凤凰文化的“形”，而且还要具有凤凰文化的“神”，也就是要神形合一，体现出凤凰文化的精华。

（三）生态文化原则

凤凰历史文化名城所包含的特种文化，如神秘的楚巫文化具有原始性和多样性的特点。凤凰位于山区，特殊的地形和地貌使其与外界的沟通十分不便，特别是有些边远山区，直到现在还苗风纯朴，苗族文化保留完整。自然条件的限制，带来了凤凰交通的不便，导致了凤凰文化的封闭状态，所以凤凰的文化特质里面保留了较多原生文化形态，表现出文化原始性与神秘性的一面。另外，这种自然条件对于文化多样性的形成也起到了推波助澜的作用。但我们知道云南省是我国拥有少数民族最多的省份，云南各少数民族的文化丰富、多样且完整，所以单从文化多样性来讲的话，凤凰的文化是无法与云南各少数民族的文化相抗衡的，所以摸清家底很重要。凤凰应该看到自己的竞争力，笔者认为凤凰文化最大的卖点就是民族文化的融合。楚文化与当地土著文化的结合而形成的楚巫文化，苗族文化和汉文化的相互交融，南方各省文化在这里经历了重新组合和碰撞，最终形成了凤凰独具一格的地域文化。但这种地域文化同时存在一个弊端：它们使用人数少，只局限在本民族和本地区内，文化的体量小，因此容易受外来文化的影响，有时可能会对其造成消亡性的冲击。

文化旅游是不同于传统的观光度假和休闲旅游的一种高层次的旅游形

式，是负有文化保护责任的旅游，而作为国家历史文化名城的凤凰在文化旅游开发中，首先应该树立保护第一的思想，保护文化的原始性和完整性，保持文化原生固有的特色。历史文化名城所包含的特色文化是名城保护的重要内容之一，所以文化旅游开发的落脚点也应是为了更好地保护名城及其特色文化，使其走上可持续发展的道路。在旅游开发规划的过程中，作为三方主体的旅游规划者、管理者和经营者应把历史文化名城文化的原始性、多样性放在重中之重，推出充满文化内涵和底蕴的旅游产品，让旅游者真正感受到文化的魅力，达到过心的境界，但同时也要使旅游主体——旅游者的旅游行为符合生态文化的要求。因此，保护文化生态性的原则应始终贯彻于整个旅游开发过程中，包括从最初的目标确定、规划设计、投资建设到最后的经营管理。由于旅游活动对文化的影响是悄无声息、不易察觉和缓慢的一个过程，因此，应采取必要的措施对文化旅游区进行有效的管理和监测控制，如利用旅游功能分区、容量控制和环境监测等生态措施。

（四）突出特色与品牌开发原则

物以稀为贵，唯有独特，才有可能产生吸引力。特色是旅游项目的灵魂，是一个地区区别于其他地区的本质所在，是旅游地得以生存发展的基本条件。特色性原则要求最大可能地突出文化旅游资源的特色，力求在旅游资源开发中，做到“人无我有，人有我特”。特别要注意抓住垄断性的资源进行开发，开发时要做到重振固有特色，发掘潜藏特色，烘托现有特色，创造新奇特色。文化旅游景观的特色越明显，其开发也就越成功。

特色性原则要求我们在深度开发凤凰文化旅游项目时，要有创新精神，在对旅游线路、活动、景点进行设计时，要有创新的、唯我独有的设计构思，开发出寓个性于凤凰文化共性之中的特色文化旅游产品。唯有体现鲜明个性，才能保证文化旅游产品具有强有力的市场竞争力。开发成熟的西递和宏村之所以分别以“中国民族民居博物馆”和“中国牛形村”的特点成功捆绑申遗并成为当前国内外乡村旅游的热点，便是因为在开发中各自都遵循了特色性原则，所以虽为同类产品，却仍然达到了双赢互补的良好效果。

历史文化名城文化旅游开发要突出自己的异于别地的特色。旅游产品的独特性越鲜明突出，其吸引力和竞争力就越大，而旅游产品的独特性正来自于名城自身的特色。凤凰要以自身的优势资源为基础，积极创新，突出特色，打造品牌。

（五）社区参与开发原则

旅游业是一个涉及面广、牵连性大的产业，若单单依靠政府、旅游局等管理部门和相关经营部门是不可能保证其顺畅和高效运行的。旅游地当地居民的理解、支持和帮助对一个好的旅游目的地的开发建设能起到重要的作用。旅游目的地建立一个良好的形象，不仅要有得天独厚的资源条件，还很大程度上依赖于文明的社区环境、热情友好的民众、方便快捷的交通通信、稳定的社会治安和有效的管理运作等，因此，旅游目的地完善的社区功能对旅游开发非常的重要，历史文化名城的文化旅游开发更应该重视社区的作用。

历史文化名城在文化旅游开发方面具有先天性的优势条件，是文化旅游开发比较理想的旅游社区。但它的成功发展，是离不开名城当地居民的支持和参与的。因此，历史文化名城文化旅游的开发，应以当地居民为主体，在努力实现名城可持续发展目标的过程中，把提高当地居民的收入和促使当地居民维护传统文化这一目标纳入到名城开发的总目标体系中来。凤凰历史文化名城通过发展文化旅游，可以使本地方和本民族的文化得到挖掘和展示，使外界了解并接受其文化，当地居民通过参与旅游业，可以增加他们的自豪感和责任感。在这里，我们强调社区参与开发原则，最主要的是要当地居民成为名城旅游开发的一分子，旅游管理人员中除了一些高层管理和技术人员外，大部分的一般员工应由当地居民通过相关的培训来担当，这样可以使名城的服务因充满独特的地域文化特色而受到游客的追捧和欢迎。历史文化名城开发文化旅游，通过开发文化旅游给当地居民提供就业机会，将社区发展、当地居民的利益与传统文化的保护联系在一起，将会使历史文化名城文化旅游的可持续发展进入良性循环。

（六）系统构建原则

旅游地区并不是一个独立的旅游景区或旅游点，而是一个由若干个旅游景区、点组成的综合性的旅游开发系统。为了保证旅游地区发展的系统性和完整性，旅游开发必须有全局的思想，在鲜明的主题理念的宏观指导下，确保各旅游景区、点服从系统要求，即与旅游地其他景区、点要做到相得益彰、协调发展，而且本身也要相互独立，各有特色，从而形成一个既相互统一又相互独立的完整而高效的系统。历史文化名城凤凰在开发文化旅游中坚持系统建构原则，就要求凤凰各旅游景区、点在“天下凤凰”的主题指导下，充分展示凤凰亮点的多面性，做到相得益彰。

（七）文化与生态协调发展原则

凤凰历史文化名城不仅文化旅游资源突出，而且自然生态环境优美，如凤凰古城与沱江风光、南华山国家森林公园、奇梁洞的交相辉映，勾良苗寨的苗族风情与自然风光等。因此，历史文化名城有良好的发展生态旅游的资源基础。凤凰在发展文化旅游的过程中应坚持文化与生态协调发展原则，积极发展生态旅游。生态旅游近年来在全球范围内方兴未艾，作为最新潮的旅游产品受到越来越多旅游者的青睐和追捧。它是具有较高科学与文化内涵、能一定程度上满足旅游者文化需求并有助于环境保护的旅游产品。凤凰历史文化名城文化旅游的发展应与生态旅游相协调，这既能充分发挥凤凰历史文化名城的资源优势，又能促进名城旅游业的可持续发展。凤凰是中国中部地区一个经济比较落后的县区，拥有良好的生态环境、优美的自然风光和多姿多彩的民族文化。在凤凰确立“旅游立县”、发展旅游的十余年时间里，凤凰的旅游业得到了突飞猛进的发展，在国内产生了很大的吸引力，被称为是“最美的古镇”“中国十大不能不去的地方”。这些成就很大程度上归功于凤凰政府及领导的英明决策，他们确定的“文化旅游”的思路和以文化旅游与生态旅游为主体的旅游形式，非常符合世界旅游发展的大趋势。

坚持文化与生态协调发展的原则，要求我们在制订历史文化名城旅游发展规划的时候，要充分考虑到文化和生态环境的相互影响。文化旅游区的开发要建立在优美的自然生态环境之上，在开发的过程中不能对原生的生态系统造成破坏，而应该通过生态旅游来保护生态环境，保护文化旅游区文化的原生多样性。自然生态环境的旅游发展需充分挖掘文化内涵，提高其文化含量，让旅游者在视觉享受的同时，心灵同样能受到文化的熏陶和洗礼，这样就能大大增强其旅游吸引力。

三、文化旅游产品的开发定位

（一）文化定位

1. 历史文化名城文化导向定位

历史文化名城旅游开发的文化导向即确定名城的文化主格调或旅游文化开发方向，重点是确定其文化属性和审美价值。凤凰历史文化名城文化属性见表 6-2。

表 6-2 凤凰历史文化名城文化属性表

名城属性	历史文化	民族文化	名人文化	军事文化	建筑文化
凤凰	大湘西政治、军事、经济和文化中心	楚巫文化结合，苗汉文化的交融	政治家、文学家、艺术家和“筸军”	南方长城、黄丝桥古城、拉毫石头寨	明清建筑、苗族民居、吊脚楼

例如，我国著名旅游城市桂林的文化导向是以自然风光为主体的山水文化，它的自然文化属性不能有过度的人为冲击。在这一导向下，风景区内的人工建筑均应围绕着保护、衬托、强化自然美的主题。再如大理，它是历史文化与山水文化相互交融的文化导向，这就意味着其山水风光的自然文化中蕴涵着厚重的历史文化积淀，因而突出自然美和文化魅力是其旅游业成功发展的关键。可以说，正确的文化导向是保证名城旅游资源永续利用的前提和条件。

2. 景区文化主题定位

文化主题是景区建设的灵魂，特别是文化旅游景区更要有确定的文化主题，这些文化主题通常表现为历史文化、民族文化、建筑文化、军事文化、名人文化或它们的亚类。例如，无锡的三国城、唐城反映的是历史文化；丽江古城四方街的文化主题主要是建筑文化。再如，昆明海埂民族村、深圳民俗村的民俗文化，昆明世博园的园林文化，大理鸡足山的宗教文化等，都有确定的文化主题。总体来讲，旅游景区的文化个性越鲜明、主题越突出也就越具有特色，越容易取得开发成功。

3. 文化内容策划

文化旅游景区的文化内容要围绕着主题进行拓展，丰富有趣、格调高雅的文化内容使文化主题有血有肉。例如，自然景观开发中围绕山水文化的内容设计即要避免单纯枯燥的科学解说，又要避免大量庸俗化的神话附会，而应以科学美学和景观美学为主线，适当加以附会文化的点缀，营造必要的点睛建筑或文化内容。昆明西山风景区以三清阁道教建筑群和昆明龙门石窟而得名，它的文化内容的策划是在有利于美化湖光山色的山水风光的基础上，适当点缀道教文化和龙文化的内容，并围绕人文主题设计系列化和个性化的原则，发掘其相关的文化内容。西山风景区主要以景观历史变迁为轴线，以史实和相应的传说、故事为依据，构建该旅游区的基本文化内容，并尽量避免构建中的从众化和趋同化。

文化内容的策划还应该注意虚实结合，“虚”主要指的是文化氛围的创造和烘托，“实”指的是物化的文化景观。再举一例，彭华（中山大学城市与资源规划系教师）根据河南安阳在中国七大古都中的排列顺序和它是中国有文字记载的第一处稳定都城的历史事实，将其文化主题定位为“中华第一都”。河南安阳殷商古都的文化内涵不仅限于首都，而是打出三块并列的品牌，即“古都”“易都”和“商都”。其中古都包含夏、殷商、曹魏等九朝古都遗存；易都突出它是周文王“演易”为主线的东方神秘文化的发祥地；商都突出以“商”（朝）人开始的商业之都，做商贸的文章。结合当地历史上从“三皇五帝”的颛顼、帝喾二帝至中国最后一个“皇帝”袁世凯（利用袁府、袁林）等文化内容，构建起了一处文化气氛浓郁、文化内容丰富、雅俗共赏的系列化的文化旅游景区。

（二）市场定位

市场定位是指旅游目的地根据自身资源品位、市场基础、开拓条件和潜力，确定产品的市场范围和开拓目标。需求决定供给的市场经济规律告诉我们，产品开发仅有资源是不够的，还必须以市场需求为导向，生产符合消费者需求的适销对路的产品。文化旅游产品，其目标市场范围有其自身特性所决定的一些特点，如游客类型特征、客源地空间位置等。

1. 游客类型市场

不同类型的旅游者，对旅游地或旅游产品的选择是带有偏好和倾向性的，这种现象被称为旅游地倾向。目前，学术界对这一问题的研究工作主要集中于影响旅游地选择倾向的因素分析上，这些因素主要包括旅游者的性别、年龄、受教育程度以及从事的职业、经济收入等。

国外关于文化旅游研究的一些统计资料表明，知识层次较高、经济收入较高、从事的职业文化性较强的中老年群体，如教师、科研人员、公务员、企业管理者、白领员工等对于对异质文化的了解、体验表现出极大的兴趣，对文化旅游产品的选择有较高的热情。文化旅游的发展事实也证明，这些群体是参与文化旅游的主要游客类型群体。

2. 客源空间市场

理论上讲，旅游空间市场是指由旅游地的吸引力所产生的合理有效的客源地空间范围。旅游地吸引力大小是由旅游资源、距离、个人旅游偏好和收入等因素决定的，用公式表达为：$F = K\ (P \cdot I \cdot Q/R^{a})$。其中F为吸引力，K为系数，Q为旅游地资源，P为有某种旅游偏好的人口，I为客源地平均收入，R为感应距离或吸引半径，a是指数。由这个公式可以看出，在假设K、P、I、Q为定值的情况下，旅游吸引力F与距离R的a次方成反比，这就是所谓的距离衰减法则。据此理论，可以将旅游地的客源空间市场范围划分为国际、国内和地区市场三个层次。同时，根据各个市场对旅游地的重要性，还可以分为一级、二级、三级市场等层次。

凤凰文化旅游产品的国内、地区客源市场因为具体城市的区位、经济条件和文化的不同，表现出相对分散的特点。整体而言，短线游客多，长线游客少。省内和周边省份是大头，占了绝大多数，而经济条件好的发达省份如北京、上海、山东、福建等省份的旅游者所占的比率远不及省内及周边地区。但其海外客源市场则比较集中，亚洲市场以96.53%的比例在外国市场中占绝对优势，其中日本、韩国、港澳台等亚洲国家和地区为一级市场；印度尼西亚、新加坡等东南亚国家和美国、加拿大等西欧北美客源市场为二级市场；除了上述一二级客源目标市场以外的国家和地区均可视为凤凰的三级市场。这是因为港澳台地区作为中国的一部分，虽然近半个多世纪以来文化上有所变异，但其文化之根仍是中国文化；西欧、北美及澳洲的西方文化与东方文化差别较大，对东方文化，特别是具有代表性的中国文化有极大的兴趣，所以得以成为凤凰海外的二级客源市场。

（三）功能定位

不同类型的文化旅游产品或文化旅游区，在旅游活动中的功能是不同的。这些功能主要有：观光、参与体验、游乐等。适合观光功能的旅游产品，主要以有形的文化景观为主，它们能满足旅游者对景观欣赏、了解的需求，属于旅游功能中的一般层次；具有参与体验功能的文化产品，强调产品的趣味性和可参与性，以动态的文化活动居多，如民族节庆、民族歌舞演出等；注重游乐功能的文化旅游产品，以各种主题公园最具有代表性，这些公园都有一个或几个确定的文化主题，各种游乐活动围绕这些文化主题来开展，如迪士尼乐园以及前几年在中国遍地开花的民俗村、三国城、西游记宫等。

文化旅游产品的开发，应较好地把握旅游资源最突出的旅游功能，产品的设计、组合以及包装、宣传都应以体现和突出这些功能为重点。大的文化旅游区的建设，可以考虑组合具有各种旅游功能的文化产品，形成一种综合性的功能特色；而具体文化旅游项目的开发，就应该体现特定的旅游功能，突出鲜明的个性特色。

历史文化名城文化旅游产品的开发定位即是要确定其文化主格调或旅游文化的开发方向，重点是首先要清楚历史文化名城本身的文化属性和文化价值，并在此基础上，形成准确而鲜明的定位，从而指导名城旅游资源走永续利用的可持续发展道路。

凤凰县在发展旅游产业的进程中，把凤凰旅游准确定位为“文化旅游”，把旅游品牌定位为“神秘古城、天下凤凰”。凤凰文化旅游产品的开发定位，重点是要把握好三大文化：一是以南方长城兵营为代表的军事文化；二是以古城为代表的名人文化和历史文化；三是风情浓郁的以苗族为主的少数民族民俗文化。应充分发挥其拥有的历史、文化、山水、民俗、名人等资源优势，在与省内和周边各大旅游景区形成高度互补的同时，体现其独特的个性和吸引力。

成功的旅游产品定位能充当指明灯，带领旅游地走上一条光明的旅游大道。名城文化旅游产品的定位明确之后，其后续的产品设计、组合、包装、宣传等开发工作都以体现和突出这个定位为重点。因此，在名城文化旅游产品开发的第一步就应该确定一个既有鲜明的个性特色又科学合理的产品定位。

四、历史文化名城整体文化形象的塑造

历史文化名城整体文化形象的塑造目标就是形成一个区别于其他旅游地，被广大旅游者接受并赞赏的旅游形象，使名城众多的文化形成一种合力和凝聚力。进行成功的文化形象塑造时首先应该找到名城所有文化的结合点，该结合点不但要完整地包括各类文化，而且又要凸显名城特色，成为名城的标志。

凤凰历史文化名城在整体文化形象的塑造中，首先要考虑四大基础因素：文化特色、地方特色、市场特色和时代特色。文化特色要能够深刻体现凤凰深厚的历史文化底蕴、神秘的楚巫文化特色和璀璨的名人文化，突出凤凰文化对湘西、湖南乃至全国的贡献。地方特色要能够集中展示凤凰历史文化名城浓郁的地方民族风情。“苦辣酸咸”的饮食习惯，佩戴项圈、手镯、挂链、凤冠、花带、戒指的服饰古风，依山傍水而建的吊脚楼民居，被誉为“原始戏剧活化石”的傩堂戏、地方风味浓郁的阳戏、散发着泥土气息的“文茶灯”的古戏曲，蜡染、纸扎、玻璃吹画、苗族银饰等古老的民间工艺等都是凤凰独具地方特色的典型代表。市场特色则要彰显凤凰的旅游亲和力，适应多类型客源市场的需求，并集中打造自己的细分客源市场。凤凰是一个老少皆宜的旅游胜地，其旅游季节性也较低，春夏秋冬四季都很适合游览参观与度假体验，针对这一特点，我们可以把凤凰历史文化名城的整体形象塑造成“四季宜游，老少天堂”。凤凰闲适的古城格调很适合自助游，周末和假期的自助游是一支很大的生力军。针对这一欣欣向荣的细分客源市场，我们可以将

名城的整体形象塑造成“心灵的港湾，自助游的天堂”。时代特色旨在突出某个特殊历史阶段的特殊现象及对历史、现实和未来的影响和贡献，鉴于此，我们可以将凤凰整体形象定位为一座在沈从文的书里能读到、在黄永玉的画里能看到、在宋祖英的歌里能听到的中国最美的小镇。

凤凰历史文化名城的整体文化形象塑造必须从这四个方面找出最有知名度的、最有代表性的、最有说服力的和最易进行旅游形象宣传的旅游形象定位。在“天下凤凰”的旅游品牌下，提出“文笔凤凰、画笔凤凰、镜屏凤凰、音乐凤凰、名人凤凰”的整体旅游形象并进行推广和宣传。

具体而言凤凰文化旅游要想树立良好的旅游区形象，必须大力营造文化旅游氛围。

旅游区形象，主要指旅游者对旅游区总体的、抽象的、概括的认识和评价，是对旅游区历史印象、现实状况和未来信息的一种理性综合，即旅游区在人们心目中所形成的能反映其资源特色和服务水平的独特的、区别于任何其他旅游地的较稳定持久的整体印象。它对旅游区客源市场的形成和发展有重大作用。因此，要让旅游者心中鲜明的凤凰文化感知形象转变成旅游者对作为旅游目的地的凤凰的空间感知形象，让凤凰文化旅游产品成为大众趋之若鹜、津津乐道的旅游产品谱中的一部分，必须实施旅游区形象工程。具体地说，可以从以下三方面进行努力：

（一）高起点做好规划工作

规划是开发的前提。规划先行，首先在于避免无序开发，一哄而起，重点不突出；其次在于保护广大群众对旅游开发的积极性，避免因重复开发造成的投入多、产出少，骑虎难下；第三在于保证景点恢复性开发或新工程建设和主体景观和谐协调。目前除个别者外，已开发的凤凰文化旅游景点均未做过系统规划。

因此，政府、开发商、投资商及公众均应认识到凤凰文化旅游资源是先人留下的珍贵财富，深度开发时特别要加强旅游区文化旅游发展的总体规划和每个景点的详细规划。在进行旅游规划时，应进行科学论证，要强调旅游目的地生态环境的保护和文化多样性，体现原汁原味，把当地自然、社会文化环境的和谐放在首位，才能促进社会效益的最大化，促进旅游业持续、健康、稳定地发展。此外，在规划中，还应注意协调政府、开发商、游客和居民等各方的利益，并明确各自的职责。如在历史文化名城旅游开发中，政府、开发商及游客获益较大，居民的利益往往得不到应有的体现。而居民是古村落保护工作最直接、最重要的一支力量，只有使居民利益得到保证，才能提高历史文化名城旅游保护与管理工作的实效。所以，一定要以规划为龙头，通过制订合理的旅游开发规划，从宏观进行控制和把握。

（二）设计新颖、有感知力的凤凰文化旅游目的地形象

在旅游供给极其丰富、信息传媒网络日益发达的形象导向的社会里，形象、生动、具有吸引力的旅游目的地形象，对于吸引旅游者，更有效地宣传旅游地，指导旅游地规划、设计和发展，具有十分重要的理论意义和现实意义。因此，有必要对凤凰文化旅游进行整体形象策划、设计和包装，构建强有力的地域感知形象，力争用理念形象去感染人，视觉形象去吸引人，行为形象去愉悦人。

首先，要打造区域旅游的整体市场形象。对外营销时，要跳出单一名胜，提出一系列宽域主题。如对国际市场提出：“大湘西瑰丽珍宝、卧虎藏龙之地——古老建筑、美丽群山、清澈江水、奇异洞穴、绚烂民族”；对国内与一些区域市场提出：“心灵的港湾，自助游的天堂”“四季宜游，老少天堂”等。

其次，要加强对区域整体形象的宣传。要通过各种大级别的媒体来宣传，在人们心中建立起凤凰文化生动如画、鲜明强烈的旅游感知形象，培育潜在的旅游市场，扩大其文化旅游的影响力和竞争力。比如可以力争在中央电视台第 4 套节目做一个专题系列片《凤凰文化》来扩大凤凰文化旅游的影响力。要不断组织节庆活动，维持凤凰文化在旅游者心中的形象。可举办凤凰文化节、凤凰商贸节、凤凰美食节等一些大型节庆活动，加强媒体炒作，提高凤凰文化旅游的热度。这些节庆活动既能增加旅游的文化含量，丰富旅游内容，又能增强旅游者对凤凰文化的感受，是树立旅游形象的有力措施。此外，还可以借助互联网、图文出版及影视渠道来传播凤凰文化旅游形象。将区域旅游形象、特色旅游产品、服务设施和交通情况等，以图、文、声、像的方式制作成网上的浏览主页，供全球范围的消费者查询浏览；还可以利用电子邮件向特定的客人发送有针对性的信息，提高信息的接收率。这些宣传方式

可以使旅游主体或旅游推销商在了解凤凰风光的同时，还能身临其境般地了解凤凰的人文古迹、风土人情以及旅游活动中的吃、住、行、游、购、娱等各种文化现象，从而增强凤凰文化旅游的吸引力。要连续多年进行综合性的、持续性的宣传活动，旅游区的形象才能在国内外市场上树立起来。

再次，还要营造优良的人文生态环境。加强城镇及景区周围污水处理工程，对生活垃圾及第三产业经营垃圾进行有效处理，特别是沱江的污水处理。严禁破坏山林植被景观和文物建筑。拆除景区周围违章建筑。对凤凰文化旅游资源进行开发建设时，在古城内部即其核心地带，应严格控制，杜绝或尽可能减少新建筑建设，维持其原有风貌。城镇住宅小区和宾馆的建设最好能以马头翘角，黑瓦青墙的仿凤凰古城建筑为基本形式，以强化古城氛围，提高整个旅游区的可观性和亲和性。注意门景的建设。在景区主要的出入口设立大门景，分别书写各种欢迎词；也可以在汽车客运站和火车站出入口广场上，设立反映凤凰文化旅游的宣传灯箱。旅游区的工作人员要按分工和工作环境着不同的服装，形成一定体系的服装视觉形象。当地居民也要积极参与凤凰文化旅游新形象的塑造。要对游客热情、礼貌，让游客充分体会旅游区整体较高的文化素养。

（三）加强行业管理，提高旅游从业人员素质

要加强文化旅游统一管理工作，规范旅游开发、旅游市场和旅游经营行为，优化旅游环境。根据凤凰文化旅游发展的要求，积极构建与其相适应的管理体制，进一步加强旅游管理部门领导班子和干部队伍建设。要特别强调高效管理。没有高效的管理，势必造成各项进程的无序、混乱，直接影响游客对旅游形象的正确感知。这就要求管理部门的工作人员必须有强烈的敬业精神和较强的业务素质，在旅游促销、旅游活动组织、景区内部管理上有所作为，处理问题时能迅速、果断、公正而有技巧。

旅游区形象靠所有的旅游从业人员的形象来体现，而他们外在形象的优劣完全由其内在的文化修养所决定。文化修养好的企业员工在游客心目中有良好的信誉，能体现旅游区优等的形象，是旅游区的活广告。所以，要对现有的旅游从业人员进行行业培训，努力提高从业人员整体素质。文化旅游是一个经济、文化现象，经济和文化的双重特点要求经营者借用经济的手段，

凭其文化的慧眼，恰当地经营文化旅游。“旅游兴衰，关键在于才”，人才是基础，文化旅游的竞争最终就是人才的竞争。因此，要积极培养与国际接轨的旅游专业人才，通过社会招聘、院校教育、在职培训、成人培训和国际交流等一系列手段，采用与大专院校及知名旅行社合作等形式，培养选拔一批具有现代旅游专业知识，懂经营、善管理、热爱凤凰文化旅游事业的开放型、高素质的旅游人才队伍。同时要加强旅游人才培训基地建设，让培训产业化，促进旅游教育培训工作的制度化、规范化、现代化。

第七章
凤凰历史文化名城文化旅游开发思路研究

第一节　凤凰历史文化名城旅游开发的理论依据

一、激活旧城理论

旅游开发是激活历史文化名城城市发展的最佳切入点，可使历史文化名城的保护和发展得以有机结合。名城保护发端于欧洲，旧城激活理论即产生于历史文化名城保护的实践。世界上不少发达国家，总结历史经验，不断提高对保护文物、保护历史城市、历史街区和历史印迹的认识，同时认识到保护与发展必须统一起来，而且可以统一起来。欧洲的许多城市，早从旧城改造（Reconstruction，Renew，Renovation）理论、整治旧城（Refurbishment）理论发展到了激活旧城（Regeneration）理论。

激活旧城是历史文化名城进行旅游开发（或发展旅游）的重要目的之一。凤凰历史文化名城历史悠久、文化厚重；地上、地下文物丰富。文物富集的旧城区由于一味强调文物保护，大多基础设施落后，面临旧城改造的要求，而旧城区通过发挥自身优势、挖掘历史文化资源、发展旅游业可以大力推动旧城更新而又不至于对原有的历史文物和文化资源造成破坏，正所谓“开发性保护”。因此，旧城激活理论对凤凰历史文化名城旅游开发提供了重要理论依据。

二、体验经济理论

体验经济最早可以追溯到美国未来学者阿尔文·托夫勒（Alvin Toffler）在1970年写作的《未来的冲击》一书。托夫勒认为，经济发展在经历了农业经济、制作经济、服务经济等浪潮之后，体验经济将是最重要的资本。2000年，美国两位著名学者约瑟夫·派恩和詹姆斯·吉尔姆（B.Joseph Pine Ⅱ和James H.Gilmore）在《哈佛商业评论》一文中指出了“体验经济”（experience economy）的来临。他们认为体验经济已逐渐成为服务经济之后又一个经济发展阶段。所谓体验经济是指企业以服务为舞台（依托），以商品为道具（载体），为消费者创造出值得回忆的活动。其中，商品是有形的，服务是无形的，它们共同为消费者创造出的体验是难以忘怀的。体验经济最大的特征是生产与消费的个性化、参与性、互动性与同步性。

旅游的过程实际上是体验文化、体验生态、体验环境、体验景观、体验娱乐、体验情感、体验健康等多方面体验的过程，当然也可能表现为集中某一方面的体验。到海滨去旅游，是为了体验海洋的自然环境与在此环境下形成的社会人文生活；到沙漠去旅游，是为了体验沙漠的自然环境与在此环境下形成的社会人文生活；到历史名城去旅游，是为了体验前人创造遗留下来的人文环境；到现代都市去旅游，是为了体验现代的辉煌和人们的生活；到国外去旅游，是为了观赏异域风光，体验异国风情……旅游者的追求从根本上说是一种文化的追求、精神的追求。因此，旅游业可以说是最典型地反映体验经济本质的体验经济。要使旅游活动成为游客的一次难忘的体验过程，应在旅游的规划、开发、经营过程中做到使旅游者的体验是互动的、有主题的、完整的。旅游者已不仅仅满足于静态的观赏和学习，而希望通过视觉、味觉、嗅觉、听觉等全方位的参与或体验，充分理解城市的内涵和特色。这就需要经营者发挥最大的能动性和创造性，将无形的历史文化资源转化为有形的旅游资源，并将它们重新组合包装，作为极具特色内涵的旅游产品推向市场。历史文化资源丰富的历史文化名城，创造出富含文化品位、体验性强的卓有成效的“体验经济”对其旅游发展的提升和优化具有深远的指导意义。

三、旅游地生命周期理论

到目前为止，被学界公认并广泛应用的旅游地生命周期理论是1980年由加拿大学者巴特勒（Butler）提出的。巴特勒在《旅游地生命周期概述》一文中，借用产品生命周期模式来描述旅游地的演进过程。他指出旅游地的演化要经历六个阶段：探索阶段、参与阶段、发展阶段、巩固阶段、停滞阶段、衰落或复苏阶段。巴特勒指出："旅游吸引物并不是无限和永久的，而应将其视为一类有限、并可能是不可更新的资源。因此，需要对它们进行仔细的保护和保留。旅游区的开发应保持在一个预先决定的容量限制范围内，使其潜在的竞争力能保持较长的时间。"

能够满足一切时代旅游者口味的旅游地是不存在的，然而所有旅游开发经营者都期望为他们提供利润的旅游地能具有持久的生机。因此，旅游开发经营者都在积极采取措施，最大限度地延长旅游地生命周期。历史文化名城要顺应市场需求的变化，做历史文化文章，通过深度开发其历史文化旅游产品，不断创新，挖掘旅游资源的深层文化内涵，不断提高其对现有市场的吸引力，使旅游地经历一个又一个复苏阶段，延长生命周期，实现旅游发展的可持续性。

四、可持续发展理论

可持续发展是"既满足当代人的需求，又不损害子孙后代满足其需求能力的发展"。不难看出，这个得到国际社会普遍认可的可持续发展概念，就其社会发展观而言，主张满足社会基本需要的长期性，保证资源与收入的代内、代际公平分配；就其经济观而言，主张在保护地球自然系统的基础上，建立可持续经济增长；就其生态环境观而言，主张人类应与大自然和谐相处，切实保护好人类赖以生存的自然环境。这些观念是对传统发展模式的挑战，是为谋求新的发展模式而建立的新的发展观，也是研究旅游可持续发展和推进旅游业可持续发展的思想与理论的基础。

随着旅游业的迅速发展，因盲目过度开发所产生的消极作用与日俱增。旅游界人士已认识到，如果旅游与环境不能和谐共存，旅游业必将成为短命产业。旅游业的发展必须是可持续的。可持续发展理论要求旅游开发必须既满足当代人发展的需要，又保证后代人的发展需要，实质上是永续利用。历史文化名城旅游开发的长远利益体现在以下几方面：首先，资源开发与环境保护相结合；其次，新老旅游地生命周期的延伸相结合；再次，促进社会进步与注重文化多样性的保护相结合。对于历史文化名城来说，可持续发展观中的“环境”，既包括生态环境（自然环境），又包括文态环境（文化环境）。我们可以从以下几方面更深刻地理解可持续发展：①自然属性，指保护和加强自然环境系统的生存和自我更新的能力；②经济属性，指在保持自然资源的质量的前提下，使经济发展的净利益达到最大；③科技属性，指建立极少产生废物和污染的生产和技术支撑体制，尽可能减少能源和其他自然资源的消耗。总之，它意味着发展既符合当代人的利益，又不损害未来人类的利益；经济的发展不能以损害环境为代价，即社会发展与环境建设应当并存。可持续发展模式昭示着人类社会的发展方向，因此，历史文化名城旅游的发展要坚持可持续发展，就要注重经济持续增长的同时，更兼顾传统文化的延续，维系自然活力，使物质与精神、历史与现代和谐共生，永葆名城历史文化的青春，并使其起到展现和传承民族历史文化的作用。

五、生态城市理论

日益加剧的生态环境问题已成为全球关注的焦点。如何遏制环境恶化趋势并逐步消除生态环境问题，探索经济发展与环境保护的“双赢”之路，创造人类聚居新模式，让人类与自然和谐共存，成为人类共同的心愿。在这样的背景下，作为理想的城市发展模式——“生态城市”便应运而生，其内涵也随着研究的深入及实践的展开而不断丰富。

美国生态学家理查德·瑞吉斯特（Rihcard Register）认为生态城市即生态健康的城市，是低污染、紧凑、节能、充满活力并与自然和谐共存的聚居地，生态城市追求的是人类与自然的健康与活力；每个城市都有可能利用其自然禀赋，将原有城市建设转变成生态城市，实现城市生态化和生态城市普遍化，促进城市的健康和可持续发展。创建有活力的人居环境、构建与生态原则一致的健康的经济、促进社会公平与改善社会福利是生态城市建设的关键。

如今，国内外许多城市在制订城市发展战略时把生态城市作为其发展目标，针对自身实际情况，制订体现地域特色的建设规划，在全球掀起了建设生态城市的浪潮。许多城市把“生态城市”作为城市规划与建设所追求的目标。近年来，北京、上海、杭州、南京、天津、哈尔滨、宜春、扬州、常州、成都、乐山、张家港、秦皇岛、唐山、襄樊、日照、深圳等30多个城市纷纷提出要建设生态城市，海南、吉林、黑龙江、陕西等省提出建设生态省的战略目标。现在，生态城市的内涵已超越了环境保护与建设的层面，它融合了自然、社会、经济、文化、历史等因素，体现了广义的生态观，是社会系统与自然系统高度和谐的人类生存空间系统，是与生态文明相适应的新的空间组织形式，是人类居住区发展的高级阶段。从生态学的观点来看，生态城市是结构合理、功能高效和能够实现可持续发展的复合生态系统。建设生态城市就是本着“天人合一”的思想，优化名城的生态环境，在旅游开发中，融入生态理念，使名城成为令人向往的名副其实的历史文化名城。

在名城的保护、改造、更新、扩展活动中，不仅要重视经济增长与生态环境的协调，而且要重视社会进步与人文景观的和谐，发挥名城的历史文化资源优势，建立人与自然、人与社会平衡融洽、独具特色的人类社会世代共享的城市空间。

第二节 凤凰文化旅游发展战略

一、文化生态兴县战略

文化旅游资源植根于自然，良好的自然条件，健康的生态环境是文化旅游的天然基石，为其提供养料。且我国提出了21世纪区域资源开发的总方针是保护生态，实施可持续发展战略。凤凰县是国家历史文化名城，在旅游发展上必须引入生态概念，把凤凰建设成为设施齐全配套的高品位的文化旅游城市，以生态理念来指导文化的保护，最终实现“文化—生态”一体的旅游县市目标。

二、实施政府主导型战略

要利用政府部门强大的行政权威和指挥协调能力，并把这种能力放到推动旅游业发展的环节上。具体来说，就是要做到以下几点：一是要确定文化旅游的战略地位，将文化旅游业的发展作为凤凰县的经济增长点，并提出文化旅游是凤凰的支柱产业和主导产业，实施“旅游带动”战略，在政策与资金方面给予倾斜和重点支持。二是要做好凤凰文化旅游发展的规划和布局，修编《凤凰县旅游发展总体规划》，做好《凤凰古城旅游景区开发建设详细规划》和《黄丝桥古城保护详细规划》这两个旅游详规，使得凤凰文化旅游的发展有据可依。三是政府在重大基础设施和配套设施建设项目、重要旅游产品、重点开发的旅游景区上加强综合协调和规范管理，如大力提倡凤凰利用自身的资源优势发展“乡村旅游”，并给予政策上的支持和科学规划指导。四是对关系全县旅游业发展的重大问题进行综合的决策，然后协调各级政府和各个部门的利益与行动。

三、打造旅游精品战略

当前很多区域旅游发展都犯了一个大忌——低水平的重复性开发和粗放经营，这种开发模式直接导致了高品位旅游资源和旅游环境的破坏，使得旅游产品失去竞争力，进而危及旅游业自身的可持续发展。近年来不少地区旅游业起伏波动大，效益也出现了下滑。因此，凤凰旅游业的发展，必须重点开发其拥有的高品位旅游资源，并高起点地实施旅游精品战略。如2009年政府出台的《关于加快发展旅游业意见》中提到要推动旅游产品多样化发展，其中提出了实施乡村旅游富民工程，有条件的地方应依托国家级文化、自然遗产地，合理利用古村古镇、民族村寨来发展乡村休闲度假旅游。凤凰应把握旅游的发展趋势和潮流，参考国务院关于旅游发展的意见，利用自身国家历史文化名城的金字招牌和良好的乡村旅游资源条件，科学规划乡村游的布局，打造多条精品旅游线路，实施乡村旅游品牌化工程。同时，我们也应看到旅游的精品化，不单是旅游产品的精品化，还包括市场秩序和服务质量的精品化，因此凤凰要努力形成整个旅游行业共创旅游精品的局面。

四、树立名牌战略

自从我国确立市场经济体系后，被人们称之为"市场经济火车头"的名牌经济便成为我国经济发展的热点。与其他产业一样，文化旅游的发展应该遵循"文化—商品—品牌—名牌"的轨迹向前发展。凤凰文化旅游资源作为一种极具开发潜力的经济资源，在市场经济时代必须实现转型，走名牌经济的发展道路。凤凰文化旅游要牢牢树立世界级的精品意识，并通过塑造特色品牌，争创精品名牌得到旅游消费者的认同和接受，从而在品牌经济时代完成自己的市场定位。西递和宏村打造"世界文化遗产"的名牌之后即在短时间内成为海内外旅游热点的成功经验证明，只有以资源为基础，开发出自己的拳头产品，用精品名牌来塑造自己的产品形象，凤凰文化旅游才能占领国内外市场制高点，走上良性发展的轨道。

凤凰文化作为军事文化、名人文化、历史文化和少数民族民俗文化的集合体，本身就是文化品牌，其文化旅游资源品牌更是得天独厚，丰富多彩，为其旅游深度开发、实施名牌型战略提供了良好的条件。因此，凤凰今后的方向应该是围绕"凤凰文化"这一主题大做文章，唱响"天下凤凰"文化旅游品牌，全面实施名牌及名牌带动战略，不断改造和完善现有产品，开发和建设新特产品，丰富旅游内涵，使旅游产品数量增长的同时，质量也得到提升，把优势资源开发建设成旅游精品、绝品、极品，并通过重视项目建设和旅游线路的包装将这一精品名牌打出来。此外，还要加强品牌的管理和维护，使其发挥更长久、更强劲的市场影响力，从而做大做强凤凰文化旅游产业。

五、规模型战略

现代企业经营离开规模战略将难以生成良好效益和竞争优势，因为只有规模经营和规模建设才能降低成本，才能使资本产生更大的增值弹性，从而实现规模效益。文化旅游的发展和其他行业的发展具有相同的特点，即必须走规模化经营、集团化发展之路，这也是文化旅游资源从商品化向产业化过渡过程中的必由之路。对于凤凰文化旅游而言，要想抢占国内国际市场，那就要在塑造名牌产品的同时，必须打破区域限制，集中优势力量，形成一定规模。“单打独斗”式的开发和经营则会显得势单力薄，竞争乏力。

第三节　凤凰文化旅游开发原则

以下所提到的这些原则的理念基础在第六章中已有详细的论述，在此就不再赘述，只将每个原则结合历史文化名城凤凰的实际具体化。

(1) 把握文脉原则：“神秘古城”“天下凤凰”“文笔凤凰、画笔凤凰、镜屏凤凰、音乐凤凰、名人凤凰”“最美的古镇”。

(2) 文化性原则：文化是旅游业的灵魂和旅游发展的根基所在。人们对不同的文化具有新鲜感和奇异感。这就要求有专门的研究人员和机构去从事研究和发掘，对凤凰文化旅游资源进行全面而深入的研究调查，从美学、艺术、文学、史学和社会学等方面进行系统挖掘。

(3) 生态文化原则：即“保护第一、开发第二”“保护性开发原则”，历史文化名城凤凰保护的具体内容有：“文物古迹、历史街区、历史建筑、民族文化的原始性和完整性及这些文化赖以生存的自然生态环境等”。落实生态文化原则的另一个非常重要的措施和手段是进行旅游功能分区、容量控制和环境监测等。

（4）突出特色与品牌开发原则：利用和组合凤凰的优势资源形成“城”（凤凰古城，黄丝桥古城），“边”（南方长城），“河”（沱江河），“文”（民族文化，名人文化，兵战文化）等系列精品旅游，真正树立“天下凤凰”的品牌。

（5）社区参与开发原则：历史文化名城开发文化旅游，通过给当地居民提供就业机会，将社区发展、当地居民的利益与传统文化的保护联系在一起，使历史文化名城文化旅游的可持续发展进入了良性循环。重点开发社区是“勾良、山江、老家寨、香炉山、苗人谷等民族村寨”。

（6）系统构建原则：历史文化名城凤凰文化旅游区应形成“点、线、面”的结合开发，并在开发中坚持各旅游区、点的统一性与独立性。即要求凤凰各旅游景区、点在“天下凤凰”的主题指导下，充分展示凤凰亮点的多面性，做到相得益彰。

（7）文化与生态协调发展原则：即凤凰历史文化名城应坚持文化旅游与生态旅游的协调发展，积极促进吉信镇、勾良等地乡村旅游的发展，进而实现凤凰旅游的可持续发展。

第八章

凤凰历史文化名城文化旅游的开发策划研究

第一节　文化旅游产品策划

第二节　市场开发和营销策划

第三节　旅游商品开发

第一节 文化旅游产品策划

一、深化扩展新旅游产品

凤凰目前已开发的文化旅游产品主要以观光产品为主，包括凤凰文化旅游资源观赏和自然旅游资源观赏两部分。前者有凤凰古城内的古街、古遗址、古建筑、文物古迹等和古城外的历史遗迹，如东正街、万寿宫、朝阳宫、沈从文故居、熊希龄故居、南方长城等。后者有沱江风光带、南华山国家森林公园、奇梁洞、尖多朵瀑布、两头羊自然保护区等。除了观光外，历史文化名城凤凰也搞了部分小型的娱乐旅游（如沱江泛舟、沱江边放荷花灯）、休闲度假旅游（如江天旅游度假村、万紫千红娱乐休闲会所等休闲度假设施）等。但总的来说，历史文化名城凤凰的旅游产品系列还是以传统的观光旅游产品为主，高层次的休闲度假产品并没有真正成型。所以，凤凰需要深化和扩展观光旅游产品，把观光旅游做大做强，同时也要努力培育休闲度假旅游产品。

1. 抓住“三种文化”，打造“三类集群”，拓展凤凰文化旅游内涵

凤凰旅游说到底是文化旅游。凤凰文化不是局限于地理位置区域性的地方文化，而是一个开放的由区域文化集成而成的文化集合体。具体来说，凤凰文化的内容可以归为三种：一是底蕴厚重的楚巫文化；二是人才辈出的名人文化；三是风情浓郁的民族民俗文化。文化必须借助有效载体才能吸引游客的眼球。要提高凤凰文化旅游对当地财政的贡献率，唱响“天下凤凰”文化旅游品牌，使之成为凤凰的“金子”名片，必须扶持一批文化旅游产业集群，开发一批文化旅游产品展示凤凰文化内涵。

(1) 培育楚巫文化旅游产业集群。以万寿宫为主整合天后宫、天王庙等资源，开发移民文化、宗教文化旅游产品。以南方长城苗疆边墙为核心，开

发兵战文化旅游产品等。

（2）培育凤凰名人文化产业集群。以熊希龄、沈从文等凤凰名人故居和全县12个历史文化名村为主要载体，开发历史建筑和民族建筑文化旅游产品。以沈从文、黄永玉等文化名人的作品，开发名人文化旅游产品。

（3）培育民俗文化旅游产业集群。围绕民族民间文化，开发以傩文化为重点的系列文化旅游产品。围绕赶边边场、椎牛、喝拦门酒等民间习俗，开发独具凤凰民间习俗的文化旅游产品。以苗族服饰为主，开发具有浓郁民族特色的服装、银饰等系列文化旅游产品。以凤凰非物质文化遗产为中心，开发苗族鼓舞、苗族银饰锻造技巧、刘大炮蓝印花布、湘西阳戏、聂氏纸扎、凤凰茶灯等已经具有一定特色的文化旅游产品，形成“城”（凤凰古城，黄丝桥古城），“边”（南方长城），“河”（沱江河），“文”（民族文化，名人文化，兵战文化）等系列精品旅游，提升凤凰文化旅游产业的整体竞争力。

2. 进行专项旅游产品开发

重点进行山水风光游旅游产品系列、历史文化旅游产品系列、民俗风情旅游产品系列和名人文化旅游产品系列等专项旅游产品开发。

二、打造多条精品旅游线路

1. 凤凰古城域外精品旅游线路

一是着重体现名人文化，古城镇建筑文化，古城堡军事文化，楚巫宗教文化，民族文化，自然风光山、水、洞系列的旅游线路：吉信—凤凰县城—阿拉精品文化旅游线路，主要是依托凤凰古城、南方长城、南华山国家森林公园、黄丝桥古城，大力发展历史文化旅游和休闲观光旅游。沿G209和S308交通主线，形成以凤凰县城为中心，吉信、阿拉为两翼的文化旅游长廊。

二是民族风情旅游线路：凤凰古城—山江镇—腊尔山镇—禾库镇—三拱桥乡，主要是展示苗寨风情、天下第一大石桥、天星山古战场、屯良山风光和历史古村落等。

2. 凤凰古城域内精品旅游线路

一是自然山水风情旅游线路：沱江泛舟—奇梁洞—南华山国家森林公园。

二是古城文物保护单位特色旅游线路：虹桥—东门城楼—北门城楼—万寿宫—朝阳宫。

三是名人故里旅游线路：沈从文故居—熊希龄故居—文昌阁小学。

3. 乡村旅游精品线路

《国务院关于加快发展旅游业的意见》提出推动旅游产品多样化发展，其中提出了实施乡村旅游富民工程计划，有条件的地方应开展各具特色的农业观光和体验性旅游活动。凤凰当地政府响应国务院的号召，依据《凤凰旅游总体规划》，科学规划乡村游布局，打造出以下乡村旅游线路：

一是吉信—禾库—三拱桥自然风景观光带。

二是山江—腊尔山—禾库—两头羊—火炉坪民族风情观光带。

三是吉首—凤凰—阿拉公路沿线生态农业观光带等乡村游精品线路。

同时，为了响应国务院的号召，凤凰县政府采取了以下措施：①围绕旅游大通道建设，大力推进县乡公路建设和村间道路硬化，畅通乡村游大环线。②打造景区景点品牌化。以勾良、老家寨、香炉山、苗人谷等省级农业旅游示范点为重点，加快乡村游品牌打造。③打造旅游产品品牌化。围绕蜡染、扎染、银器等苗族工艺和猕猴桃、姜糖、血粑鸭等苗族饮食，着力打造旅游产品品牌，形成服饰、食品等“四大系列”和名人名著、蜡染、扎染、纸扎、银器等“十个品种”的民族文化旅游商品品牌，并争取获得原产地认证和地理标识认证。围绕“神秘古城、天下凤凰”主题，精心设计四条旅游主题线路：即以名人故居为重点的名人文化主题线路，以南华山、沱江风光、国家地质公园等为重点的山水风光主题线路，以山江苗族博物馆、老洞苗寨、勾良苗寨等为重点的乡村民俗文化主题线路，以凤凰古城、苗疆边墙、黄丝桥古城等为重点的兵战文化旅游线路，着力打造历史文化游、民俗风情游、山水风光游、休闲度假游等系列旅游产品。

三、举办有特色、有效果的节庆活动

节庆活动是文化旅游产品的重要内容，它具有把凤凰旅游产品推向市场、扩大其知名度并在市场上产生轰动效应的作用，对凤凰旅游的发展是一个非常重要的助推器。节庆活动有暂时性和短暂性的特点，因此在节庆活动期间可以将高质量的产品、服务、娱乐、背景、人力等众多因素围绕某一主题进行组织和整合，借助大众媒体的传播报道，迅速提升目的地的知名度和美誉度，产生轰动效应。

在凤凰可考虑举办以下的节庆活动：一是组织开展民俗节庆活动，凸现凤凰独特的民俗魅力。现在凤凰致力于把春节定位为到中国凤凰过一个传统的民俗文化年；把端午节定位为“中国凤凰民间龙舟节”；把苗族“四月八”活动定位为“中国凤凰苗族银饰节”；把苗族“六月六”活动定位为“中国凤凰苗歌节”，通过节庆活动的举办，把跳花跳月、花鼓、唢呐、舞狮、苗歌、服饰银饰、武术等系列传统文化节目充分展示给旅游者，向海内外游客展示苗族服饰文化、银饰文化和祭祀文化，尽显苗族人民勤劳勇敢的民族性格和源远流长的民间文化，使节日成为弘扬民族民间文化的重要载体。二是继续办好“中国凤凰苗族银饰节”“南方长城中韩围棋赛”等一批赛事活动，争取世界旅游组织、联合国教科文组织等国际会议在凤凰举行。近年来，凤凰从宣传深厚的文化底蕴和浓郁的民族风情、让凤凰文化走向世界的战略高度，在凤凰精心策划和组织了“中国凤凰苗族银饰节”“南方长城中韩围棋赛”等大型活动，深入挖掘凤凰文化的内涵，推陈出新，使“天下凤凰”主题不断深化，层次不断提升，规模和影响不断扩大，取得了很好的社会效益。使游客不仅亲眼目睹了规模宏大、保存完整的凤凰古建筑群体，而且还领略了凤凰独具特色的民族歌舞、历史文化以及凤凰人淳朴好客的民风。通过精心策划一系列有重大影响力的盛事活动，邀请国际、国内政要视察凤凰，邀请体育明星、影视明星、知名专家学者和大企业、大集团领导游览凤凰，增强凤凰旅游的吸引力和竞争力，为凤凰争取更多的客源。如此特色鲜明的活动集中在旅游节期间展现，将是外地旅游媒体和国内外游客求之不得的好机会，加上良好的宣传策划，不愁引不来大量游客。如此坚持几年，并不断提高、不断创新，知名度和美誉度得到积累，就会形成凤凰旅游节的品牌。

四、晚间娱乐活动产品开发

在我国的旅游产品开发中，晚间娱乐活动产品的开发是很突出的薄弱环节，造成了很多旅游区都面临“白天看景，晚上睡觉”的尴尬。晚间娱乐活动这项工作涉及消费时尚、文化底蕴、游客规模、创意组织、经营筹集等诸多方面，要取得突破难度很大。目前凤凰游客晚间娱乐尚处于比较初级的自流状态，缺乏有组织的、富有地方韵味的特色活动。

完善和充实凤凰晚间娱乐活动的主要构想有：

(1) 利用沱江夜景，组织晚间边就餐、边看文艺演出的活动。沱江夜景亮化工程第三期已经启动，笔者认为应该把这种静态的美动化，把具有凤凰当地民族特色的演出融合到这种美丽的夜景中。如可以在沱江里设几艘龙船，游客可以晚间坐在龙船上边品尝当地的特色饮食边欣赏具有地方民族风味的演出，这不失为是一个让游客了解凤凰饮食文化和民俗风情的窗口。这类活动在全国各地都有举办，并得到了较好的收效，尤以西安的仿唐乐舞为成功典范。但特别要注意环境的保护，不能让任何一点垃圾进入沱江，保持沱江水的清洁是关键。

(2) 在勾良苗族村寨等苗寨可以兴办篝火晚会，吃烧烤、自助餐、跳民族舞，同时伴有苗族特色的文娱表演和一些富有参与性的游乐活动。进入体验经济时代，人们追求的是高品位的体验享受。作为旅游者，他们渴望在一次旅游经历中有更多新鲜有趣的体验，这种体验的实现，必须有相应的可参与的活动和项目。因此，凤凰苗寨应该着眼于体验旅游产品的开发，提高游客的可参与性，让游客在自娱自乐中感受到凤凰的美丽与魅力。

(3) 将娱乐和晚间购物结合起来，形成以购物为主，文娱活动和文化书市穿插其中的购物夜市环境。凤凰文化深厚，与之相对应的文化工艺品也是琳琅满目，因此，可以利用晚上的时间，为游客特别是购物兴趣浓厚的女性游客提供一个安全舒适的购物场所。为保证比较理想的购物场所的提供，当地政府就要严格市场管理、整顿市场秩序的混乱、狠抓安全，严防以次充好、欺诈游客的不良现象的发生。

(4) 结合凤凰广场和从文广场的设计，建设古城旅游夜生活区。采用丰富的灯光设计，努力创造一个欢畅、愉悦和热烈的气氛，组织游乐、购物、餐饮、演艺等多项活动。凤凰广场和从文广场在古城内相对而言是人流量和容量比较大的地方，可以打造成一个晚间娱乐大世界。周末可以组织外埠文艺单位来古城演出，也可以组织一些高雅艺术团体来演出，使这座古城插上与时俱进的翅膀。平时的夜晚可以向观众展示地方风味的演出，把跳花跳月、花鼓、唢呐、舞狮、苗歌、服饰银饰、武术等系列传统文化节目充分展示给旅游者，向海内外游客展示苗族服饰文化、银饰文化和祭祀文化，尽显苗族人民勤劳勇敢的民族性格和源远流长的民间文化。活动要尽可能增加参与性与体验性。因为游客和市民可以自由出入，就给游客提供一个与当地居民相互交流与交际的良好机会，进而可以增加旅游地的吸引力。

(5) 严格禁止黄、赌、毒，对游客的娱乐行为加以引导，提倡健康、文明、积极向上的娱乐方式，对现有的歌厅、舞厅、洗浴中心加强管理。

五、开发凤凰特色文化旅游

第一，发展凤凰旅游业是彰显凤凰特色文化的需要。凤凰作为国家历史文化名城，有丰厚独特的历史文化、军事文化、民族民俗文化和名人文化，要光大、传承和发扬这些文化，塑造城市竞争的“软实力”，就必须选择适合的载体来盘活这些文化，发展旅游恰恰迎合了这种需求，也是最好的途径。因为旅游活动是一种易于为不同文化群体所接受的和缓的文化交流和传播方式，游客前往异地旅游大多是为了感受别样的文化，并从中汲取精神食粮。文化差异是旅游文化研究的重要内容，也是引起人们旅游兴趣的主要内在动因。旅游活动的兴盛，无疑有助于人类的文化进步。凤凰旅游业的发展，也必将带动和促进包括“历史文化、军事文化、民族民俗文化和名人文化”在内的凤凰文化的挖掘、整理、研究和传承。

第二，深化“凤凰文化”内涵，开发独具特色的文化景观和活动，可以有效增强凤凰对游客的吸引力。旅游离不开文化，有了文化渗透，旅游内涵才能得以深化，旅游才能有源源不断的活水，永葆青春活力。发展历史文化游，更离不开文化内涵的挖掘、文化形象的塑造。凤凰作为历史文化名城，其深厚的历史文化底蕴，更是其发展特色旅游得天独厚的条件和优势。凤凰要发展独具特色的旅游业，就是要通过对这些特色文化内涵的挖掘并使其渗透到旅游活动的各个环节中，从而使其独特的旅游资源优势有效地转化为旅游市场优势和竞争优势。只有这样，才能有效地提高凤凰旅游的品位、档次和影响力，从而提高凤凰旅游产品的知名度和美誉度。

第二节　市场开发和营销策划

在当今国内国际旅游市场上，旅游地之间的竞争异常激烈，可供人们选择的旅游目的地不计其数。对多数旅游者而言，未来将去哪个旅游地旅游，起决定作用的是相关旅游目的地的形象影响力，因此成功的形象策划和营销非常重要。

任何旅游产品都必须进入市场被旅游者购买和消费，才能实现产品的经济价值和社会价值，旅游文化深度开发的产品优势才能转化为市场优势和经济优势。在这一关键性的转化过程中，必须实施正确的市场营销，因此，从某种意义上来说，市场营销是旅游文化深度开发的最后一个也是最重要的环节之一。

企业的经营导向经历了由生产观念导向、产品观念导向、推销观念导向、营销观念导向、社会营销观念导向五个阶段。凤凰作为一个市场经营实体，同样经历了类似的转变过程。凤凰的旅游文化资源虽然具有一定的垄断性，但并不形成垄断的市场，因此，笔者认为现阶段凤凰的市场营销应根据不同的产品、目标市场、消费群体、销售季节等采取多元化的营销策略。具体包括服务营销策略、文化营销策略和网络营销策略。

旅游营销理论经历了4P、4C再到4R的过程。4P营销策略强调的是产品、价格、渠道和促销，是从旅游产品的角度出发来考虑的。4C营销策略强调从旅游者的需求出发，考虑怎么使旅游者方便地得到想要的旅游产品，几个关键词是顾客、成本、便利性和沟通。4R 营销策略更是以客户为中心的战略方式，强调对旅游者需求变化做出及时反应，核心词汇为关联、反应速度、关系营销、回报。由 4P 到 4R，旅游经营者逐步把关注的重点从产品本身转移到旅游者需求，并进一步关注他们需求的变化，试图建立起长期稳定的关系模式。凤凰文化旅游产品的市场营销在强调产品的同时也要做到以人为本，从旅游者需求角度把握营销方式。

一、文化旅游营销的基本原则

（1）营销产品要创新化、创意化。旅游业从业者必须将新产品开发作为旅游市场营销中的重点，将目光转向新产品的开发和促销以及老产品功能的升级上。

（2）营销市场要细分化、多样化、层次化。由于旅游者的特征差异和需求结构的复杂性，旅游企业要根据旅游者不同的消费欲望、不同的购买行为、不同的购买习惯来划分不同类型的消费市场。

（3）营销手段要网络化、信息化、虚拟化。旅游市场营销要建立信息化流程和操作系统，健全与完善声音、形象、色彩俱全的信息流，在网上进行旅游产品的组织、市场定价、管理、广告策划、宣传赞助等营销活动，从而将各种项目和决策有机结合，增强旅游市场营销的方便性、快捷性、丰富性和有效性。

（4）营销方式要个性化、感性化。要根据不同消费者的旅游需求模式，采取包括性能、色彩、规模、服务等不同的营销举措，最终实现满足单个消费者的个性需求，增强市场竞争力。

（5）营销战略要阶段化、渐进化。要做到“连点成线，以线串点，以点带面”，形成“规模经济效应”。

（6）营销机制要整合化、双向化、互动化。必须针对产品特点、信息状况、竞争渠道等进行整合分析和系统设计，将市场信息持续地传递给旅游者，并迅速对反馈意见进行收集与分析，及时调整市场营销行为，优化双向互动机制，以动态的营销观点，建立健全信息流动、信息处理系统，适应多变的市场环境，使区域旅游企业和产业处于良性循环状态。

（7）营销内涵要文化化、提升化、区域化。要大力挖掘旅游产品的文化内涵，提升旅游产品品牌、价值和品位，设计文化旅游系列之旅。

二、市场营销策略

1. 服务营销策略

（1）内涵：将营销活动融入动态的服务过程，给旅游者以直观的感受，赢得旅游者的积极评价，以服务满足需求、引导需求、创造需求、激发需求，造就良好的宣传效应和连锁促销效应。

（2）意义：树立旅游地鲜明的行为形象（BI），并具体体现和传播旅游地的理念形象（MI），直接提高服务质量和旅游者的满意度，为与顾客建立和维持良好的关系奠定基础。

（3）途径：

第一，提供承诺服务。旅游目的地应对旅游者的利益和自身的信义作出非常明确、具体和公平的承诺，如旅游线路包含的景点数、停留时间、购物次数、旅游饭店的免费和优惠项目及服务设施的等级等，以尽量减少或避免承诺兑现时的认识分歧和由此引发的事后投诉。旅游地要信守对社会大众的承诺，因故更改已作出的承诺，要给出充分的解释并再次公之于众，继续接受社会监督。

第二，提供标准服务。实施国际服务质量的标准认证体系，杜绝凭感觉不凭数据，凭经验不凭档案或档案粗放的服务，确保服务的各个细节标准化。

第三，提供超值服务。关注旅游者的现实需求和潜在需求，提供个性化和超出旅游者期望值的服务，使旅游者感动并获得难忘的服务体验。

第四，制订明确的服务接触计划。在服务现场进行沟通与交流，可能发现顾客的潜在需求，捕捉企业发展的机会，提高顾客满意度。并可与旅游者建立和维持良好的关系。

2. 文化营销策略

（1）内涵：文化营销是有意识地通过发现、甄别、培养或创造某种核心价值观来达到旅游企业经营目标的一种营销方式。具体来说，它表现为产品和服务文化营销、品牌文化营销和企业文化营销三个层次。

（2）意义：文化营销是市场经济发展到相当阶段的产物，有学者断言：21世纪必将是文化营销的时代。而旅游本身就是人类对文化产品的精神享受和文明陶冶，再加上凤凰作为国家历史文化名城又是以文化为主要吸引物的旅游目的地，因此，文化营销对凤凰的文化旅游深度开发显得特别重要。文化营销将使凤凰文化特色更加鲜明，市场吸引力更大，市场前景更加广阔。

（3）途径：

第一，深入发掘资源文化内涵。文化内涵的发掘是文化营销的前提和基础。发掘资源的文化内涵，将其归纳整理并通过某种符号加以固定和保护，在研究客源市场的文化需求以及文化认同和接纳的思维惯性的基础上，对目的地文化加以选择和整合，开发出适销对路的文化旅游产品，是旅游目的文化营销的必由之路。反之，撇开旅游地本身的文化特色于不顾，从事所谓的文化营销，无异于舍本求末，其效果可想而知。

第二，将文化融入营销全过程。在人们文化需求越来越高涨的今天，旅游地需要高度重视文化营销的策略，以文化去适应和影响客源市场，创造竞争优势。笔者认为，在营销的全过程，包括每一个细节，都要体现出文化性，给旅游者以整体的文化感官刺激，如生态文化、绿色文化、商业文化和企业伦理文化等，使文化价值在消费者心目中沉淀，促使其作出购买决策。这正是文化营销的出发点。此外，作为价值观实体化的产品和服务，包括旅游景点设计布局、旅行社的线路安排、旅游活动的安排、旅游商品的创意、导游讲解的技巧、饭店的环境布置、特色菜肴的推荐、服务礼仪的展现等一系列旅游者能感受的事物和现象，也同样要体现出浓郁的文化性。

第三，注重文化创新和开拓。要敢于创新，将传统文化和现代文化有机结合，创新出新的文化形态，要赋予本旅游地的产品以新的文化内涵。文化创新不同于历史考古，不要过于拘泥于精确性，有一定的文化线索和历史背景，就可在此基础上创新。要独具慧眼，要有创新意识和创新能力，跳出传统的产品开发的思维定式，捕捉目标市场的文化心理需求，推出旅游地令人耳目一新的产品。

第四，做强做大文化品牌。品牌文化营销是在产品和服务文化上的进一步发展，它既包括了旅游地创品牌的行为，也包括了社会对品牌的认可和市场对品牌的选择。旅游地文化营销则是寻求为某一客源市场所接受的价值信条作为旅游地的立业之本。优秀的旅游地文化只有通过主动的营销活动才能被目标市场的潜在旅游者所了解，与他们原有的价值观和个人愿景（即愿望和前景，英文 Vision 的中译）相融合，进而成为旅游地和游客者共有的愿景。如今，旅游市场的竞争日益加剧，旅游全行业都在加强文化的开发，在这种态势下，旅游文化开发更要注重其深度、细度和唯我独有的创意。

3. 网络营销策略

（1）涵义：网络营销（cybermarketing）被解释为借助联机网络、计算机通信和数字交互式媒体来实现营销目标的一种营销方式。网络营销的主要网络平台是国际互联网（简称互联网），互联网是一种功能最强大的营销工具，它同时兼具渠道、促销、电子交易、互动顾客服务以及市场信息收集分析与提供等多种功能。

（2）意义：旅游网络营销的高科技性，信息传播的快捷性、全球性、互动性、针对性等特点，使之比传统的营销方式有更好的旅游宣传效果、更广阔的销售渠道、更低的交易成本、更个性化的服务方式，更有利于旅游地的形象传播和参与国际旅游市场的竞争。

（3）途径：

第一，建立自己的独立域名。凤凰已建立了“凤凰古城网”，主要设有凤凰简介、旅游资讯、旅游线路、旅游交通、景区介绍、客栈住宿、风景图片、景点门票、凤凰论坛等栏目。为方便旅游者出行和旅游，网站还每天发布天气预报、主要新闻、旅游注意事项等，并公布了主要的答疑联系方式。

第二，进行网上办公、交易和招商。前者体现在实现旅游地办公信息自动化，提高行政和服务的效率，后者体现在开展全球网络预订业务，如网上订房、网上购物等，可以拓展交易和招商的渠道、提高效率，降低交易成本，提高经济效益。

第三，利用先进的虚拟现实界面创设网上虚拟旅游（数字旅游或电子旅游），给旅游者提供身临其境的模拟体验，便于潜在旅游者进行选择和决策以及现实旅游者在旅游行程结束后“故地重游”，加深旅游体验。此外，还可以利用旅游规划设计的虚拟现实技术流程将虚拟背景与虚拟旅游产品叠加，通过人机对话工具，吸引旅游者参与旅游地的开发方案的设计工作，使设计规划工作更具民主性、针对性和实用性。

第四，利用网络的互动功能，进行售后服务，如进行服务质量跟踪问卷调查，对旅游者进行网上答疑等。

第五，和国内外的其他主要关联网站（如我国建立最早的旅游专业网站——中国旅游图文库（http://www.Chinats.com）等）建立链接，实现资源共享、优势互补。

需要说明的是，上述营销策略，各有侧重，同时又具有一定的关联性和依存性，在营销实践中，往往会根据具体的旅游资源和目标市场等因素进行交叉或组合运用，以求达到最佳的营销效果。

●区内宣传促销策略

新闻媒体和旅行社应作为主要宣传工具，抓住新闻媒体和旅行社的宣传促销就抓住了重点。再就是政府与企业的职能分工，政府主要负责整体形象的宣传，不能包揽一切。企业负责个体产品的促销，不能指望政府花钱宣传企业。要强化旅游社团、旅游协会等中介组织的服务，协调职能，用市场手段联合进行旅游产品市场促销。在湖南各电台、电视台、报纸等新闻媒体开设专栏、专版，向本地公众推介旅游产品旅游线路。在旅游旺季到来之际，各旅游景区点要举行旅游招徕活动，向社会公布活动信息，吸引公众参加。各旅行社在组织好入境旅游和出境旅游的同时，要做好本地游的宣传材料，安排好本地游的线路，推介本地旅游精品线路，积极组织本地团队开展本地游活动。本区的主要街道设立旅游灯箱、广告。为了激发本地群众参加本地旅游活动，定期举办旅游摄影评选活动和各类主题的征文评选活动。为了倡导、鼓励家庭旅游，各旅游景区（点）在旅游旺季可以用不同的方式奖励若干旅游家庭。各大媒体要大力宣传旅游的生活意义，引导公众改变把旅游支出作为“剩余后的支出”“额外的支出”等陈旧观念，引导公众每月都要安排一定的时间参加旅游，把旅游消费支出作为生活支出中不可缺少的一部分，启发公众的旅游意识，让人们积极参加旅游。大力开发旅游淡季产品，满足各类客源市场的不同需要。

●国内宣传促销策略

及时掌握各种旅游促销信息，积极参加各级单位组织的旅游交易会和促销活动。要与各种媒体建立稳定的信息渠道，及时提供旅游产品的信息，尤其是与一些旅游网站加强合作，制作宣传旅游产品的专页，加强宣传。要进行区域联动宣传、学习。要携手“天下第一奇山”的张家界、“天下第一漂”的永顺猛洞河、“德夯苗寨”、怀化“中国侗文化城”和贵州梵净山等打好“一张牌”，搭乘宣传快车，联合出击。在国家大型城市，主要客源地城市的主要人流街道以及通向凤凰的国道两旁设置具有视觉冲击力的大型旅游广告宣传画。在旅游旺季到来之际，在主要客源地的电视台、报刊和湖南省的电视台、报刊，特别是旅游报刊，强力宣传，在旅游黄金季节到来之前，必要时可合作办一至二期专刊（版）。邀请省内外的旅行社来凤凰考察踩线，把凤凰作为湖南旅游线的重点旅游景区。组织文化名人来凤凰采风观光，举办专题研讨会，大力开发旅游产品的文化内涵。建设完善好凤凰旅游网站，实现凤凰旅游网络的信息化。建立全面高质量的有关旅游资源的文字、照片、碟片等基础资料库，制作新颖、富于创意、有视觉冲击力的综合介绍凤凰旅游景区（点）资源的多媒体演示光盘，制作综合性、便携式、折叠式，图文并茂、文字介绍概括简单，包括名胜文物、历史文化、自然景观等内容的旅游画册。

4. 国外宣传促销

参加国家、省局组织的对外宣传促销活动和交易会，赴外宣传促销。在外国的旅游网站制作介绍凤凰旅游产品的网页，通过网络进行宣传。在外国有影响的旅游报纸杂志上宣传凤凰具有代表性的旅游产品。还可利用地、县各级政府驻外机构和国家驻外办事机构、外国对华使馆等各类机构，形成旅游促销网络。同时，应该从整体上策划以宣传凤凰旅游为目的的大型文艺作品，如电视连续剧、电影等。还要加快旅游电子商务进程，改善宣传手段与设施，实现促销手段的创新。

三、旅游形象策略

旅游目的地形象设计实际上是参照企业的企业形象识别系统（Corporate Identity System，简称 CIS）的构建模式，对旅游目的地形象各构成要素进行设计与塑造的过程，即将地格要素进行提炼，形成 MI，将感觉要素进行设计，形成 VI，将感受要素进行规范，形成 BI。

1. 旅游形象设计

旅游形象定位是一项技巧性和艺术性（文化性）很强的工作，必须运用一定的策略将形象宣传口号设计得朗朗上口，过目不忘。凤凰旅游市场形象设计应从其地理文脉和历史文脉研究的基础上，结合客源市场和竞争环境分析而提出旅游地形象的内在理念和外在界面。总体而言，为使凤凰旅游形象更富有鲜明的地域和民族特色，需加强文化在旅游形象设计和建设中的渗透。具体来说，凤凰的地格特征有：历史文脉源远流长、悠远的黄丝桥古城、古朴典雅的沱江古街、雄伟壮观的南方长城、自然纯朴的苗寨风情、底蕴深厚的名人旧居。针对凤凰的地格特征和文化特色，其旅游市场形象设计的文化渗透思路如下：首先确立文化基调，其次从旅游地环境的文化建设和旅游地旅游产品的文化融入方面体现文化内涵，最后通过构建文化空间、举办节庆活动和培育人文精神等来营造文化氛围。凤凰可以通过口号“重返边城，远离世俗”“神奇的南方长城，淳朴的苗家人民”“一路青石板，两袖清凉风”等鲜明的口号来宣传。

经过对凤凰的地域特征分析、对受众（传播对象，包括过去、现在和未来的旅游者）的调查分析以及对国（省）内外的竞争对手的分析判断，笔者对凤凰的 CIS 作如下构想：

（1）理念形象（MI）设计

理念形象是旅游文化形象设计的基础、核心和发展。凤凰文化旅游发展的理念形象要能够鲜明地展示凤凰旅游资源特色、文化内涵的个性特征、旅游开发的价值观和发展战略目标。根据表达对象的范围和特征，理念形象又可分为一级理念和二级理念，或称总体形象理念和专题形象理念。其中一级理念是将凤凰的自然地理特征与历史文化特色或民俗风情资源等结合起来进行总体把握，形成旅游形象的总体理念。二级理念即专题理念，是在总体形象定位完成后，根据一定时期内旅游市场的需求状况和旅游产品的某方面或某个旅游区域的主要文化内涵推出主题促销口号，以明确不同时段内旅游形象定位的不同主题和重点。

① 一级理念及其诠释：

基于凤凰悠久和丰富的历史文化渊源、别具一格的旅游地理和独具特色的旅游资源，凤凰旅游形象的总体定位可为："世界文化名城——神奇山水、极品文化、水上人间""凤凰天下恋、天下恋凤凰"。

理念诊释：第一个理念从多个侧面渲染和描绘了凤凰整体独特的旅游形象，令受众心驰神往，跃跃欲试。其中"神奇山水"，是为了突出凤凰环山和环水的独特旅游地理环境，如国家森林公园南华山森林公园和纵贯古城的沱江风光带；"极品文化"是为了突出凤凰作为"国家历史文化名城"的深厚历史文化，绚丽多彩的少数民族民俗文化，以凤凰"筸军"、熊希龄、沈从文和黄永玉等为代表的名人文化，以南方长城、黄丝桥古城、拉毫石头寨等为代表的军事文化；"水上人间"则突出了作为凤凰国家历史文化名城灵魂的飘带沱江和凤凰恬静舒适的生活环境、居住环境、休憩环境。第二个理念"凤凰天下恋、天下恋凤凰"的潜台词是：凤凰一直以"这座城市为你等待了千年"而让人心神向往，因为你的到来，这个城市终于掀开了神秘的面纱。巧妙地表达了凤凰人民对四海宾朋的欢迎和期盼。而且，该理念在文字的表述上采用了中国文字特有的回文格式，具有浓郁的民族气息和艺术氛围，同时又具有一定的幽默诙谐色彩，非常符合凤凰作为国家历史文化名城的文化品位要求。

② 二级理念及其诠释：

包括单一的自然地理形象、历史文化形象和带有一定综合性的地理、历史文化双重形象，如"一路青石板，两袖清凉风"突出凤凰的避暑功能；"神奇的南方长城，淳朴的苗家人民"突出了凤凰的重要历史军事地位；而"重返边城，远离世俗"则表达了自然和历史文化双重形象。

上述理念头形象可以根据境外客源地的文化特点进行相应调整并译成相应的外国文字，如英文理念形象 The Broadway For Religion（民族的百老汇）、The Melting Pot of Culture&Art（文化和艺术的熔炉），If You Love Him（Her），Put Him（Her）to Fenghuang（如果你爱他（她），带他（她）到凤凰来），它们可以给境外受众以个性鲜明、亲切、友好、热烈、详和的旅游形象。

(2) 行为形象（BI）设计

行为形象是理念形象的具体化，主要包括经营管理形象、旅游目的地服务形象、居民形象、公益形象。

① 管理形象设计：包括管理理念、管理制度、管理技术和管理艺术。行政管理部门应树立“管理即服务”理念，实行人本化的管理，吸收和采纳当今世界最先进的管理方法，尽快实现办公信息化，制定和完善各项政策和法规，做到依法行政，依法管理，热情主动地为旅游业发展搭建良好的操作平台，构筑“现代、公正、高效、廉洁、务实、敬业”的新形象，提高政治文明的程度。

② 旅游目的地服务形象设计：主要包括旅游从业人员的素质、职业着装、服务态度、服务礼仪、服务热情、服务技能等，它是旅游者接触最多、感受最直接的旅游形象前端界面，对服务形象的树立具有立竿见影的效果。因此必须树立服务营销的意识，推广绿色服务，做到自觉服务、主动服务，诚信服务，通过培训等手段加强服务技能的提高，实行服务的“首问负责制”，强化对服务质量的监督评比，在推进旅游目的地服务质量标准化的前提下，提倡个性化的服务和对特殊人群的特殊服务，将凤凰的文化内涵渗透到服务的内容和形式当中。

③ 公益行为形象设计：在经营管理的过程中，在强调经济效益的同时，更多地关注社会效益和环境效益，向旅游者展示旅游目的地的社会伦理和社会责任，加大对公共服务设施的投入以便为旅游者提供更多的便利；注重艺术化和人性化的设计，体现对公民权益（如老年人和未成年人权益）的保护和对旅游者生命财产的保护；在关系营销方面要适当参加公益文化体育活动，对慈善事业提供适当的赞助。

④ 居民形象设计：使居民的形象既要体现中华民族作为礼仪之邦和文化之邦的普遍性的公民形象，更要结合国家的大政方针和时代潮流，结合旅游目的地的旅游地理文脉和文化内涵，使居民的形象体现传统与现代、普遍与特殊、道德与法律的结合。凤凰作为一个国家级的历史文化名城，有着极为丰富的文化内涵，因此要着力培养居民的世界意识、树立“人人都是旅游地旅游形象使者”的大旅游意识、文化意识和主人翁意识，培养他们海纳百川、笑迎天下宾朋的宽大胸怀和对旅游目的地的热爱和自豪感，提高他们的知识水平和文化素养，使其言谈举止、待人接物体现较高的文明素质和良好的精神风貌，使居民形象的本身成为当地的旅游景观，成为旅游者感知和欣赏的对象。

(3) 视觉形象（VI）设计

视觉形象设计在旅游文化形象设计中占据特别显著的位置。因为旅游地作为最突出的视觉景观实体，其整体旅游形象首先来自于景点本身的视觉造型。视觉造型即旅游目的地的物质景观（硬件设施），它包括旅游目的地的大门、旅游标徽、门票、导游图，旅游目的地内的道路、街道、雕塑、路标、指示牌，旅游目的地服务人员的着装、旅游商品和纪念品甚至包括旅游目的地内交通工具的外部装饰等。为了体现整体的文化理念，传达整体的旅游视觉形象，必须进行统一规划设计，让凤凰的核心VI标识尽可能出现在一切该出现的地方，向外推出凤凰VI，使公众过目（标识）不忘（凤凰）。笔者认为凤凰目前的VI建设的重点一是要在固定景观上调整优化旅游目的地空间，强化服务职能；搬迁改造一批有污染、占地大、文物价值低、有碍旅游目的地观瞻的居民住宅，增加服务、公共绿地及体育文化娱乐用地，通过空间视觉形象建设，强化和凸显凤凰在中国乃至世界最独特、最易识别的“神秘古城”形象。二是在可移动的物质载体（主要是宣传品）上，要选取真正代表凤凰特色的画面进行统一制作。从凤凰管理局目前出版的旅游地图、宣传册、旅游风光片来看，在画面选取上主要有凤凰古城、万寿宫、虹桥、南方长城、沱江风光带等，总体上显得萎乱，没有统一的主体形象，而且所选的画面不能很好地彰显凤凰的自然文化特色。笔者认为应该在突出凤凰绚烂的少数民族民俗文化和古城历史文化优势上进行突破。

2. 旅游形象传播

旅游形象的传播包括旅游形象在旅游地的传播和在目标市场的传播。在旅游地主要通过实地实物的物质展示以及旅游者与当地管理服务者、居民的互动来进行，高品位的旅游资源以及优质的服务必然带来旅游者较高的满意度，如此可借助旅游者的“口碑”使其充当目标市场免费的和高可信度的形象传播者。此外，旅游地可通过举办地方性、全国性或国际性的重大节庆活动并注意综合利用图文、声像、表演等各种传播方式来将旅游形象进行集中传播和展示，也可在全国范围内聘请知名人士、焦点人物、影视歌星担任凤凰旅游形象大使，或在全旅游目的地范围内评选出能反映地方文化特色和地域个性的旅游形象大使，组织他们定期对来访旅游者进行实地传播。

目标市场的传播主要包括媒体传播和活动传播。媒体传播是指借助当地的大众传播媒体和宣传网络，将事先制作好的广告宣传片或促销软件，以当地受众易于接受的方式进行形象广告传播，对广大的潜在旅游消费者进行感觉刺激，引发消费欲望。同时，可在客源地召集当地的旅行商举办旅游形象和旅游产品推介会，也可组织旅游形象大使定期到目标客源市场进行集中传播，亦可在公共场合或人群聚集的地方开展展示活动或进行文娱表演、街道游行等，直接对潜在客源进行传播。此外，还可以利用每年的国际、国内交易会和区域旅游交易会进行传播。

四、主要营销措施策划

营销是旅游业发展的关键。凤凰文化旅游目前无论是整体形象的宣传还是旅游产品的促销都不够到位，这也导致了市场开发疲软，客源市场较狭窄。今后应对凤凰文化重点实施立体组合营销和区域联合营销，加强对外促销、吸引客源，力争入境旅游市场有一个大的飞跃，整体旅游市场有一个快速、稳定的增长。但应避免各自为政，搞恶意竞争。

为促进对凤凰的宣传，可采取广泛的措施，如在凤凰各条通道路口大量树立凤凰边陲旅游导示图、标志牌；在各大媒体如杂志、报纸、电视、广播等广泛宣传凤凰旅游形象口号；在凤凰广场和从文广场定期表演体现凤凰地方特色的旅游文艺节目；可与湖南电视台等电视媒体合作编制一部反映凤凰历史文化形象和民族形象的影片或电视连续剧；以凤凰古朴的历史风貌、厚重的文化底蕴、浓郁的民俗风情和辈出的名人英才为主题，设计在全国重要城市举办展览会等。具体设想主要有以下三个：

一方面要借助广播影视、报纸杂志等传统媒介和一些先进的高科技性的行之有效的营销手段，如互联网、多媒体光盘、数字影像、虚拟空间、电子商务等数字化旅游营销方式进行宣传促销。特别是因特网（Internet）具有廉价、快速、便捷、手段多样等优越性，将是未来营销的主要介质。可以充分利用互联网络在技术方面的优势，形成联合推销、联合接待、网络预订的市场体系。还可以吸取广州、大连等城市的成功经验，建立基于 GIS 的全区性的凤凰文化旅游信息资源数据库系统和网络营销系统（DMS，Destination

Marketing System)，运用信息网络技术和旅游网站，实现与世界范围内的旅游客源地、目的地的对接，为旅游者提供高质量的信息资料，激发旅游者的文化旅游动机，提高旅游宣传促销的深度和广度，并大大降低宣传促销的成本。

另一方面，按“政府主导、企业参与、市场运作”的原则，邀请海内外知名旅游机构和媒体来实地考察采风，及时向其发布本地的重大旅游信息和最新举措。运用市场手段定期举办具有影响力和吸引力的国际、国内重大旅游节庆活动，并通过海内外电台、电视台、报刊、网络等在世界范围内广为宣传推广。同时赋予出境公民宣传推广本地旅游的责任，由政府制作和选定旅游宣传资料和纪念品，分发给出境公民，让其在出访地进行旅游宣传，力争实现旅游从业和非从业人员身体力行的全员推销。

此外，还可通过一些定期举办的旅游交易会、展销会，介绍、推销新产品，提高产品知名度。同时要树立现代旅游意识，利用旅游中间商进行促销，积极与省内外知名旅行社联合，将凤凰文化旅游纳入其组团旅游产品体系中，发挥组团旅游的示范、带动和关联效应，以便影响游客的旅游决策，扩大客源数量。

第三节 旅游商品开发

2009 年国务院出台的《关于加快发展旅游业的意见》中提到：旅游商品要提高文化创意水平。一个旅游地的文化旅游开发规划也应该囊括旅游商品的文化注入，其文化创意水平的高低直接影响到旅游地文化旅游开发的成败。2008 年凤凰县共实现旅游总收入 17 亿元，旅游商品加工业共实现工业总产值是 9 460 万元，仅占旅游总收入的 5.56%，而同年张家界市旅游商品经济占旅游总收入的比重达 30%，部分旅游发达地区甚至高达 70%。因此凤凰旅游商品产业面临着做大做强的艰巨任务，其对凤凰旅游产业提质增效具有十分重要的现实意义。

一、旅游商品开发现状比较分析

（一）凤凰县旅游商品开发优势

1. 资源丰富

凤凰地处湘西边陲，虽然目前商业欠发达，但历史文化悠久，民族风情浓郁，资源非常丰富，为旅游商品开发提供了良好的基础和丰富的源泉。从资源类别上说，有丰富的木、石、河、溪、泉、矿等地质资源；又有大量的绿色实用植物和药用植物等生物资源；有古苗寨、历史遗迹、文化遗址、名人故居等历史文化资源；更有丰富多彩的少数民族风情资源。这为凤凰开发旅游纪念品、旅游用品和旅游消耗品等提供了十分广阔的空间。

2. 特色突出

（1）民族风情浓郁。凤凰以苗族文化为特色，有自己独特的民俗风情、生产生活习俗和文化习俗，从基本的吃、穿、住、行到人生礼仪的婚丧嫁娶，从生儿育女到游艺娱乐和宗教信仰活动都具有鲜明的民族个性。苗家人的风味食品、服装、装饰、手工艺品、生产和生活用品、民居及节日用品等都可以开发成极好的旅游购物品。

（2）人杰地灵，名人辈出。在对凤凰的研究中，有关研究者提出了“凤凰人现象”。具体而言“凤凰人”里军人的一支形成了以郑国鸿、田兴恕等为代表的历史上知名的“筸军”；文人的一支形成了以熊希龄、沈从文、黄永玉为代表的政治家、作家和画家。以这些名人为线索开发相关的旅游购物品能产生很大的吸引力。

（3）古代建筑种类繁多。有古墙、古民居、古寺庙、祠堂、书院、牌坊、古塔、古镇等。如，南方长城、吊脚楼、朝阳宫、天王庙、三潭书院、万寿宫、杨家祠堂、虹桥等。这些古建筑既有深厚的历史军事价值，也因独特的结构而拥有美学欣赏和文物保护价值，可以作为开发设计微型模拟类纪念品、旅游风光宣传画册、明信片等旅游纪念品的参照物。

3. 产业原始积累初步完成，已开发的名优产品较多

目前，凤凰的姜糖、蜡染、扎染、纸扎、银饰、绣花鞋垫、湘西腊味等旅游商品经营规模日益扩张，仅姜糖一项就发展成为近亿元产值的“大产业”。同时，经过市场这一试金石的考验与淘汰，以张氏姜糖、小红银器、苗妹儿酒、宏兴堂腊肉、熊氏蜡染等为代表的地方民族品牌已初步赢得了广大游客及市场的认可，形成了一定的市场影响力。若在此基础上进行合理的品牌延伸，将有利于带动其他旅游商品的深度开发，最终实现其产品品牌化、系列化。

4. 市场前景广阔

凤凰作为湘西旅游开发的“桥头堡”，旅游发展潜力巨大。随着近年来交通条件等旅游基础设施的不断改善以及旅游促销力度的加大，来凤凰旅游的人数逐年递增，其中很大一部分游客都有旅游购物的需求。

（二）旅游商品开发存在的问题

1. 政府统筹规划和宏观指导不到位

没有真正树立“大旅游”观念，在发展旅游初期只重视景点景区的规划建设，而忽视了旅游商品开发的推动作用。政府在宏观上对旅游商品开发设计、生产与销售的引导和扶持力度不够，没有专门的科研与开发队伍，没有健全的行业管理机构，在旅游商品的供销方面也没有建立一个独立的体系。造成了旅游商品设计、生产、销售严重脱节，因而难以适应旅游消费市场的需要，使许多产品的生产与需求之间存在一定的差距。

2. 旅游商品文化内涵和地方特色不鲜明

一方面，凤凰文化资源优势在旅游商品开发中并没有得到充分的挖掘与整理，自主生产的旅游商品少，舶来品多。根据笔者在凤凰的实地调查数据发现，凤凰 80% 的旅游商品来自云南、贵州、浙江等地。另一方面，已开发的旅游商品中，体现地方特色的商品较少，货物品种极为近似，特别是民族特色产品难觅踪迹，例如千篇一律的廉价玉器、粗制滥造的小装饰品和小

工艺品等，在全国的众多景点都随处可见，这些无法体现当地文化内涵，没有特色的旅游商品没有纪念价值，因此很难吸引旅游者购买。凤凰古城专门的购物街因缺乏统一规划，各店重复雷同现象严重，以姜糖为例，张氏、熊氏、贾氏等几十家字号充斥市场，在鱼龙混杂的姜糖市场中游客难分优劣，往往会放弃购买。

3. 生产企业品牌意识和规模意识薄弱

目前，凤凰没有专门从事开发和销售旅游商品的大型企业或企业集团，绝大多数为家庭作坊，其规模小，档次低，经营分散，相互间缺乏联营意识。同时，现有业主受规模和实力的限制，缺乏追求品牌效应的意识，市场适应能力相对较差，在市场研究和开发方面投入少，同类产品缺乏竞争力。

4. 旅游商品市场秩序和布局混乱

大部分旅游商品销售方式属于小摊小店式销售，进入超市或其他地区旅游景区的旅游商品少。县内景区购物点过多，没有专业统一的旅游商品销售市场，市场管理力度弱，在销售中存在定价不规范、销售折扣因人而异、以次充好、以假充真、坑蒙拐骗、强行围追兜售等现象，严重影响了凤凰旅游形象。

二、旅游商品开发设计

（一）旅游商品开发设计的主要原则

一是要价廉物美，符合大众化的消费心理和消费水准，同时根据游客的需要，生产少量高档旅游商品。二是下大气力改进包装，力求实用、精美、方便、安全，给游客良好的视觉形象，刺激购买欲望。三是开动脑筋，动员各方力量，增加旅游商品品种。

（二）旅游购买行为分析

无论是外国人到中国来，还是中国人到国外去，无非是寻找一种差别，包括文化差别、生活方式的差别、地域的差别等。旅游商品本身就包含着一种文化差别，它是民族文化与地域文化的融合，是旅游业不可缺少的一个重要组成部分，旅游者除了消遣娱乐外，在很大程度上要了解当地的人文地貌，购置一些当地的旅游商品。主要包括：纪念性消费，作为旅游出行纪念的凭证；馈赠性消费，为了馈赠亲朋好友；寻奇求古的收藏性消费，如购买古玩制品；求知性消费，如购买书籍、宣传品等；实用增值。实际上，旅游者的购物动机往往是交融的。同样，旅游商品的功能往往也是以交融消费为主，因此旅游者的购买力会比较低，除团体消费外，个人购买基本上是零星小额旅游纪念品、日用品。

三、旅游商品开发策略与设想

旅游是一项文化活动，人类社会在旅游实践中所创造的物质财富与精神财富形成了旅游文化。文化是旅游的支柱和精髓。在旅游过程中，食、住、行、游、购、娱等活动中接触的诸多事物，大多与异地文化有关。旅游者除了消遣娱乐外，在很大程度上要了解当地的人文地貌，购置一些当地的手工艺品。因此旅游商品的开发应从以下几方面着手：

（1）旅游商品应具有民族性和地域性。一个国家、一个民族、一个地区都有其历史发展的轨迹。民间工艺作为群体艺术，是6000年中华文明的积淀，具有极为丰富的哲学、美学、历史学、社会学、民俗学、伦理学、人文学内涵，是中华民族文化的结晶，体现着一个地区、一个民族的物质文明和精神文明，反映着本地区、本民族的宗教信仰、生产方式、生活习惯、民族礼仪、文化观念。民间工艺在民俗文化中繁衍、升华，几千年来深深植根于人民之中，其材料、内容、工艺诸多方面形成了一个民族、地区特有的艺术天地，它的色彩、纹饰、图案都有特定的涵义。所以越是有民族风格和地方特色的旅游商品就越受到游客的青睐。美国拉斯韦加斯的纪念品是骰子，上面有拉斯韦加斯的地名和六个点，一下子勾起了人们对赌城的回忆。迪士尼乐园的卡通图案纪念品、香港海洋公园的海洋动物纪念品，无一不具有鲜明的地域特征和景点特征。再如银雀山汉简纪念品的开发。用竹子作为书写材料在世界文化发展史上，除了汉民族外，其他民族未曾有过。据史书记载：从殷商末至东晋末年，使用竹简有三千年左右的历史。简文约经过了甲骨文、楷文、篆书、隶书，即整个古代汉字的发展过程。由于竹简具有腐烂的性质，所以，殷商时期的竹简至今尚无发现，考古发现年代最早的是长沙战国时期的竹简；保存数量最多的是长沙三国时期的吴简，约十万多枚，相当于国内全部出土竹简总量的两倍左右；一次出土兵书最多的是山东临沂银雀山汉简，其中《孙子兵法》与《孙膑兵法》最具代表性。所以，当地有效利用了这一独特的资源，着力开发出了不同档次、品种多样的竹简纪念品，受到了广大游客的喜爱。这不仅满足了游客的物质需求，同时也满足了他们的精神需求。

(2) 旅游商品的开发应多层次、多品种。对于游客来说，他们对旅游商品的需求是多方面、多层次的，只有开发出不同档次、不同价格的旅游商品才能适应和满足不同层次旅游者的需求。港澳游客多次到内地旅游，内地产品在港澳到处可见，所以他们往往见奇不奇，只有独具特色的旅游商品才是首选。他们与内地游客有相似之处，一人出游，总要给亲朋同事带点“礼品”，小巧别致的纪念品最为受欢迎。如泥人、石子小珠链等。有关专家分析，30～50元左右的纪念品最为畅销。内地游客的购物水平和思维方式同港澳游客相似，均以中档旅游纪念品为主，不求高级，因此价廉物美的产品销路最广。中国台湾地区的游客进入内地旅游的初期，因多年隔绝造成的思乡情怀，形成台胞团大量购物，几乎什么都买的局面。现在他们已逐步冷静，购买纪念品以高档奇石、紫砂和名家作品为主，一般的台胞购物也逐渐转同港澳同胞和内地游客。台湾地区一家旅行社的老板认为，内地纪念品千篇一律，去过一个地方，下一个地方出售的东西也没什么两样，加上私贩和假货充斥市场，游客更不敢问津。东南亚游客已采取了“紧捂钱包，只看不买”的策略，团队购物在零线上下。美侨团大约是目前购物“最好”的。美侨团来华人数较少，遇什么买什么，加之美元较人民币比值高，更觉得什么都便宜。大至珠宝玉石，小如胸针饰物都会大加购买。日本游客一向购买力极强，但是现在也降到了几乎无购物的地步。但近年修学团大增，对好玩、好摆放、有特点的旅游纪念品的需求日趋强烈。所以无论对国内游客，还是对国外游客都必须有针对性地选择目标市场，投其所好。

(3) 提高旅游纪念品的设计水平和加工工艺。国内旅游纪念品市场上的产品，设计水平较低，初级产品较多，加工工艺粗糙，质量较差，这是造成目前旅游商品市场不景气的主要原因。旅游商品的设计开发必须不断地创新，加工工艺也要不断地改进，在继承本地区、本民族文化的基础上，应该积极学习世界各地好的旅游纪念品的设计思想，适当地借鉴国外的成功经验，从而使我国旅游纪念品的设计制作水平更上一个台阶。

就凤凰而言，旅游商品开发应具体做到以下几点：

1. 抓机制，充分发挥政府主导作用

首先，政府应该树立"大旅游"的商品观念，正确认识到旅游商品开发对社会、经济的促进作用，将旅游商品作为旅游地重要资源和其他旅游资源进行同步开发；其次，加大投入，强化扶持，以凤凰县旅游产品研制和开发牵头，设立"凤凰县旅游商品开发基金"；最后，大胆创新，优化环境。引导成立"旅游商品行业协会"组织，实行行业管理。

2. 抓特色，突出打造旅游商品品牌

旅游商品体现旅游地的物质资源状况，同时也是旅游地地域文化的载体。基于凤凰少数民族地区的旅游资源特色，凤凰的旅游商品应注意体现民族性与地域性特征，避免单纯的模仿。旅游商品在品种、款式等方面应把地域性、民族性、纪念价值、使用价值等有机地结合起来，设计具有浓郁地方特色的旅游商品。在当前和今后的一段时期，可重点发展以下旅游商品项目：

表 8-1 凤凰重点旅游商品项目开发

旅游商品项目	以凤凰楚巫文化、苗文化为主调的文化承载型系列旅游商品	以凤凰自然资源条件、物候特点开发土特产品系列	以凤凰古城、三江苗寨等名胜为特色的旅游纪念品
主要开发内容	书画作品、研究著作、光盘等音像制品，以及苗族传统工艺品、纪念邮票和纪念画册等文化气息比较浓的旅游纪念品。	姜糖、猕猴桃、凤凰古镇正宗家酿白酒、牛肝菌、腊肉、罐罐菌等	开发凤凰古城画册、苗寨风情画册等旅游商品；结合地方景点、建筑特色及历史文化制作精美的景观微缩品、文物仿制品和美术装饰品等

（1）开发设计以凤凰楚巫文化、苗文化为主调的文化承载型系列旅游商品：主要包括书画作品、研究著作、光盘等音像制品，以及苗族传统工艺品、纪念邮票和纪念画册等文化气息比较浓的旅游纪念品。

（2）根据凤凰自然资源条件、物候特点开发土特产品系列：姜糖、猕猴桃、凤凰古镇正宗家酿白酒、牛肝菌、腊肉、罐罐菌等。目前主要开发方向是利用现有名优产品的市场影响力，进行品牌延伸。对这些风味食品，走环保、绿色、健康、无公害路线，进行深加工，开发绿色食品系列。可在罐头类制品的基础上进行改良，开发各种便携、美观、低价位的小包装。

（3）集中力量推出体现凤凰古城、三江苗寨等名胜特色的旅游纪念品。立足景区特色，研制具有景区特定环境、风貌、形象的“一景一品”特色旅游纪念品，使旅游者对旅游商品的感知与对凤凰山水历史文化的感知相一致，促进特色旅游商品销售。如：开发凤凰古城画册、苗寨风情画册等旅游商品，形成具有浓郁地方特色的旅游工艺品系列，即结合地方景点、建筑特色及历史文化制作精美的景观微缩品、文物仿制品和美术装饰品等，形成向外宣传促销的拳头产品和著名品牌。

3. 优化旅游商品市场环境，激活旅游购物市场

（1）合理布局购物设施。凤凰应根据自身特色设计独特的旅游购物设施，按“三就”（就近旅游景区，就近旅游宾馆饭店，就近车站、机场）原则，整合县内的旅游商品经销店，统筹安排，合理布局。另外，充分采用电子商务方式，借助网络平台进行旅游商品销售，以满足不同旅游者的需求。

（2）培育人才队伍。通过与当地高校吉首大学的合作，培养一支高素质的现代化旅游商品开发科研人才队伍，既负责开发旅游商品中的生产技术问题，又负责旅游商品市场营销策略。同时，通过提升导游员的文化素养和商品讲解知识来充分发挥其在旅游商品宣传促销中的积极作用，使旅游者形成主动消费。

（3）加大宣传力度。有计划有安排地组织旅游商品推介会。将旅游商品宣传作为旅游宣传的重要内容，在政府牵头组织、策划的旅游宣传促销活动、节庆活动中都要加大对旅游商品尤其是品牌旅游商品的宣传力度。

第九章
凤凰文化旅游可持续发展与环境保护

第一节　名城旅游可持续发展的基本内容

第二节　凤凰历史文化名城旅游可持续发展的战略构想

第三节　凤凰历史文化名城旅游可持续发展的对策

旅游可持续发展的内涵应包含以下几方面的内容：旅游业在获得发展的同时，应该与资源、环境、社会经济等保持和谐；旅游不仅要满足当代旅游者旅游需求和当地居民生活水平的提高，而且要保证人类的后代享有同等的机会；旅游应对保持全球生态体系完整、各国民族文化多样性、提高人们的生活质量做出积极贡献。

第一节　名城旅游可持续发展的基本内容

名城旅游可持续发展是可持续发展理论在旅游业中一个不可忽视的领域——名城旅游的具体体现，它与一般意义上的可持续发展理论是一脉相承的，注重可持续性、共同性以及公正性这三个方面。在前人研究成果的基础上，笔者认为名城旅游可持续发展的基本内容应强调以下几个方面：

首先，要正确处理好保护与发展的关系。必须充分认识历史文化名城旅游资源的珍稀性及其非同寻常的价值和意义，始终坚持“保护第一、开发第二”的原则。这里的保护，并不是要保护城市全部，城市保护的范围、内容应该通过城市规划予以确定，即“意味着这种城镇和城区的保护和修护以及发展和谐地适应现代生活所需的各种步骤”，这里的“发展”与“适应现代生活”就包括了进行适当的改造与振兴，并控制新建地区，以使一定规模的环境保持作为一个整体的和谐关系，同时满足现代生活的各种需要。因此，必须重视保护与发展的结合与协调，综合城市建设与名城保护的关系，加强城市景观与旅游环境的保护，为历史文化名城的旅游可持续发展创造条件。

其次，历史文化名城应合理利用资源，通过旅游这一强有力的发展形式，满足经济、社会和审美方面的需要。一方面，这是历史文化名城自身发展的需要。通过适度合理的利用旅游资源，可以带动城市经济发展，扩大城市的知名度和美誉度，提高当地居民生活水平及社会发展水平；另一方面，也可满足旅游者高层次的消费活动。这两种需要是相辅相成的，单从任何一方面出发，都不符合名城旅游可持续发展的需要，也不可能实现可持续发展的战略目标。

再次，历史文化名城旅游资源公平享受。名城旅游不仅要满足当代人的旅游需求，也要满足未来各代人公平享有旅游资源的需求。当代人在满足自己的旅游需求时，不能以历史文化名城环境的恶化为代价，不能损害后代公平利用历史文化旅游资源的权利。旅游可持续发展的一个宗旨，就是旅游资源和环境应该实现代际共享，当代人没有权利剥夺后代人的社会发展能力和生活需求。名城的旅游资源和环境并不完全属于我们，它属于每一代人，利用是我们的权利，但保护更是我们义不容辞的责任。为了保证人类社会能够有一个幸福美好的未来，我们不仅要保护好现有的资源与环境，还要为后代创造一切有利条件，让他们能够在更高的基础上把这一行动继续下去，真正实现人类可持续发展的梦想。

简而言之，名城旅游可持续发展要求在时间尺度上，既要满足当代人旅游和旅游开发的需要，又不能危害后代人满足自身旅游需要的能力。在空间尺度上，既要提高旅游者的旅游质量，又要改善名城居民的生活质量；既要维护名城旅游发展的持续性，又要同周边区域、全国其他城市地区乃至全世界协调共处，实现珍稀文化资源的分管共享。在开发广度上，既要协调名城环境保护和旅游开发之间的矛盾，又要注重名城资源、经济、社会文化、环境的协调发展。

第二节　凤凰历史文化名城旅游可持续发展的战略构想

一、凤凰旅游可持续发展的目标定位

宏观基础决定了城市的功能定位，而城市功能定位又决定了城市旅游发展的约束条件。凤凰县从 1999 年开始确定发展文化旅游，经过十余年的发展，文化旅游已成为凤凰县最大的致富产业，也带动了其他相关产业的发展。

现在文化旅游是凤凰的主导产业和支柱产业，正以创建品位较高的入境旅游名城为目标，加大旅游开发的力度，完善现代化旅游体系，并确定了旅游业发展的重点建设项目。

在大湘西旅游圈中，凤凰作为较有影响力的旅游城市，既有历史文化名胜，也有自然风光，还有民族风情，但各类旅游资源的等级和地位并不相同。在自然风貌方面，尽管拥有国家森林公园南华山和大型石灰岩溶洞奇梁洞，但与邻近的张家界、猛洞河等风景名胜比较，无论是规模，还是知名度，都不可同日而语。在民族风情方面，吉首的德夯也比凤凰山江和腊尔山有名。凤凰最具特色的是它深厚的历史文化底蕴和丰富的人文古军事遗迹，并在湘黔边境地区占有突出地位和优势。虽然贵州梵净山也属人文景观，但梵净山是佛教名胜，与凤凰的历史文化并不相同。因此凤凰旅游开发应重点抓住历史文化这条主线，民族风情和自然风貌可整合到历史文化中去一并考虑。历史文化要面向全国和全世界，必须上规模上档次；自然风光只能面向当地和省内，可考虑小而精。这样一方面可与邻近景区景点避免不良竞争、形成优势互补，另一方面，也避免了投资分散，战线过长。

笔者认为把凤凰文化旅游业定位为凤凰的一个支柱产业来做，就必须从思想上高度重视旅游业的发展，从政策、资金上大力加以扶持。对凤凰来说，把旅游业定位为凤凰的主导产业也是凤凰县政府经过艰苦的探索过程得出的结论。故从整个大湘西旅游圈来说，凤凰的旅游战略规划应从整个大湘西旅游圈的角度吸纳大范围内的旅游景点，使其做到相得益彰。要达到这个目标，任务非常艰巨，需要旅游管理部门思路清晰，运作稳健；县内各部门积极配合，步调一致；社会民众主动参与，从而形成旅游建设的合力。

另外，努力提高凤凰旅游产品品位，提高整体接待能力和创汇创收水平，充分发挥和挖掘旅游业的经济效益和社会效益，也是实现凤凰战略规划目标的重要手段。寻求历史文化名城的可持续发展是凤凰发展旅游业的最终目标。其目标可具体分解为：

经济目标——开发具有自身特色的旅游产品，将资源优势、产品优势转化为市场优势，增加就业机会，扩大市场份额，增加经济收入，善于开发和保护历史文化名城，使其成为旅游文化名城。加快第三产业发展步伐，为城市再就业提供空间，缓解农村剩余劳动力转移压力。保持和扩展旅游业在国民经济体系中的主导产业地位，培育一批高质量旅游龙头企业，构建国家级优质旅游产品群体。

文化目标——保护和发扬历史文化名城的历史遗存和传统文化，增强当地人的文化自豪感，为不同地区和不同文化的人们提供理解和交流的机会，提升历史文化名城的知名度，进一步扩大它的影响广度和深度。建设独具特色的中国文化旅游城市，使其成为大湘西旅游圈上的强势亮点。

环境目标——向旅游者提供高质量的旅游软硬环境的同时，提升公众的文化环境和生态环境保护意识，促进对特殊环境和文化的理解和善待，以保障未来凤凰旅游业赖以生存和发展的生态和文化环境质量。加强生态型旅游产品开发，构建优良旅游框架结构，改善全县旅游环境，提升优秀旅游县市“景在县中，县在景中”的优良形象，使凤凰的县市环境质量各功能区全部优于相应的标准。

社会目标——改善凤凰的基础设施条件，提高居民的生活质量，促使社会机能良性运转。保持历史文化名城社会组织活动脉络，并不断更新和补充先进的社会职能，增强凤凰未来的发展机会和生命力。通过旅游业的快速发展，凤凰的投资环境会得到改善，商务、公务、会议旅游也会更快的发展，这些都有助于资金、信息、技术、人才的投入和开发速度，使凤凰成为一个充满生机与活力的生态旅游县市。

二、凤凰文化旅游可持续发展的旅游环境承载力分析

1. 旅游环境承载力的概念

一个旅游区所能容纳的游客人数是有限度的。由于游人的过度密集会引发许多环境、经济问题和社会矛盾，乃至影响区域旅游的可持续发展，因此它客观上存在着一个容量的极限值，一般学者称之为旅游环境容量或旅游环境承载力。为了详述区域旅游发展容量规模，并建立解决热点旅游区的环境承载力与游客数量之间矛盾的理论基础，拉佩芝（Lapage）首先引进旅游容量的概念，20 世纪 60 年代南非学者提出了容人量和容时量的问题，之后随着可持续发展思想风靡全球的时候，旅游环境承载力更成为学术研究的热点。

本文采用崔凤军提出的“旅游环境承载力”这一提法，将旅游环境承

载力定义为“在某一旅游地环境（指旅游环境系统）的现存状态和结构不发生对当代人（包括旅游者和旅游地居民）及未来人有害变化（如环境美学价值的损毁、生态系统的破坏、环境污染、舒适度减弱等过程）的前提下，在一定时期内旅游地（或景区、景点）所能承受的旅游活动强度（包括游客密度、土地利用强度和经济发展强度）。其中‘能承受’是指这种旅游经济活动不会导致旅游环境质量的下降，既不影响旅游环境系统正常功能的发挥，同时也不会导致旅游服务质量的下降。”笔者认同这一提法，认为其更具有科学性。

对于不同的旅游地和景区景点，旅游环境承载力指标核算的决定性因素是有差别的，因此研究的侧重点也是不同的。鉴于凤凰目前的游客以省内及周边省份为主，逗留时间较短，对于生态、经济、居民心理承载量影响力较弱，所以本文对于旅游环境承载力的分析主要是从对景点景区的资源空间承载力入手。

2. 旅游环境承载力测算

为了更加有效地开发利用旅游资源，达到经济、社会、环境效益最佳协调发展目标，对旅游景区（点）环境承载力必须进行测算与评估。

旅游环境承载力测算设计内容比较广泛，根据目前掌握的资料数据，只能对凤凰主要景区（点）的空间容量进行测算，计算公式采用国标“旅游规划通则”（GB/18973—2003）中的日空间容量公式：

$$C=X\times Z/Y$$

公式中C为旅游区（点）的日空间容量，X为该景区（点）的空间面积，Z为每个游客占用面积的日周转率，Y为每个游客需要占用的空间面积。参照《国家名胜区规划规范》并结合凤凰旅游景区（点）实际情况，确定凤凰风光类旅游景区每个游客需要占用的空间为100平方米，每个游客占用面积日周转率为4；名胜古迹类每个游客需要占用的空间面积为40平方米，每个游客占用面积日周转率为8。据此对凤凰主要旅游景区景点空间容量进行测算，计算结果为：凤凰古城的日接待游客空间容量（万人次）为1.57，南方长城的日接待游客空间容量（万人次）为0.65，沈从文故居的日接待游客空间容量（万人次）为0.2，奇梁洞的日接待游客空间容量（万人次）为0.21，山江苗族博物馆的日接待游客空间容量（万人次）为0.12。

3. 评价结果讨论

根据凤凰主要旅游景区（点）空间容量情况，笔者认为：在旅游旺季时，特别是“黄金周”和重大节庆旅游活动期间，要根据人流情况对文物胜迹类景点景区游客人数适当控制，对单体建筑进入游人数量严格限制，包括提高门票和限制进入时间等；在园林风光类景区组织具有吸引力的游艺活动和文艺演出节目，吸引游客的滞留时间，缓解游人分流压力。旅游主管部门应与旅游企业协调，统一安排旅游团队的游览路线，根据旅游团队的数量和滞留时间，合理、错时安排不同的游览路线。

第三节　凤凰历史文化名城旅游可持续发展的对策

一、可持续发展的前提——旅游环境保护和生态建设

旅游环境保护和生态建设是凤凰文化旅游业可持续发展的首要前提。事实上，发展旅游业和保护环境之间存在着既相互矛盾又相互依赖的关系。一方面，旅游业的发展对环境保护存在不利的影响；另一方面，生态环境对于旅游业来说，又是一种有经济价值的资源，是使旅游业赖以生存和持续发展的前提。

作为跃居“9 个最值得去的中国古镇”榜首的凤凰，虽然拥有丰富的旅游资源，旅游业发展已有较好的基础，但是要使凤凰旅游业实现可持续发展，尚需作出很大的努力，其中较为重要的即是旅游环境整治和历史文化名城的保护问题。

（一）用科学的发展观，调整城市布局，加大城市生态环境建设力度

凤凰建设要按照国家绿色园林城市标准，根据居住、商贸、金融、旅游、

文教、高科技、工业等城市功能的差异，以可持续发展原则加大县城布局调整力度。凤凰拥有丰富的历史文化积淀，县城建设特别是文化资源富集的旧城区的改造中，一定要体现古城风貌，保护好现存的各类文化资源。县城建设缺乏科学合理的布局是导致凤凰旅游环境质量下降的一个重要原因。县城公共设施的建设速度落后于经济发展、人口增长的速度，致使县内交通拥挤，噪声危害严重；生产生活废水废渣得不到及时消除，尤其是公共设施的不合理布局更加剧了县城环境质量的恶化。

依笔者个人的观点，凤凰城区与工业区间要保留足够的绿地发展都市农业。老城区以发展旅游、服务等第三产业为主，西区以发展高等教育和高新技术产业为主。这种城市空间布局的安排既有利于保护历史文化名城的风貌，同时也不妨碍凤凰作为一个城市应有功能的发挥。在县城改造和扩建中，把生态项目建设放到重要位置，在建设项目内部、区域内部和县城周边区域要按照要求留足、留够并建设好生态用地，在县城道路建设过程中，严格“绿线”管理制度，确保森林覆盖率、城市绿地率、城市绿化率达到国家绿色园林城市标准。

（二）调整产业结构，优化旅游环境

旅游业是凤凰的支柱产业，也将是对其他产业起最大关联带动作用的产业之一，是凤凰未来最大的经济增长点，因此要加快旅游业的产业结构调整。目前，旅游业的产业边界在不断扩大，旅行社、酒店、运输、娱乐、商贸业等已经属于大旅游产业的范围，农业、工业等生产领域和教育、科研等文化领域也蕴含着重要的旅游资源。所以，发展旅游业不单是政府中几个部门和旅游企业的事，而是全社会各个方面共同的任务。必须把发展旅游业作为一项事关经济可持续发展的主导产业来抓。发展以旅游为龙头的第三产业，是凤凰获得全面长足发展的必由之路。

在凤凰的旅游收入构成中，由交通、住宿等刚性消费所占比重较大，而购物、娱乐等弹性消费所占比重很小。这说明凤凰的旅游产业结构不够合理。要实现旅游业的持续发展，就必须加快调整旅游产业结构。针对凤凰目前产业结构所存在的问题，旅游产业结构的调整要以“两个转变”为指导（从传统的计划经济体制向社会主义市场经济体制转变；经济增长方式从粗放型向

集约型转变)，坚持市场经济导向下的“政府主导型”发展战略，避免在产业结构中同一项目和相似项目的重复建设。制定优惠政策，采取切实可行措施，吸引资金、技术、人才，优先发展高新技术企业，从而提高旅游业综合经济效益，加速凤凰市旅游业的更大发展。

同时，对位于县区的化工、造纸、酿造、医药、制革等重污染企业实行“关、停、并、转”方针，取缔景区周边污染严重、作坊式生产的小企业。在景区开发、旅游服务与经营管理过程中，采用各种节能降耗、控制污染的技术，以低毒、低害原料替代高危害的原料，不断改进服务和完善管理，减少旅游产品生产销售和消费过程中的危险因素，使旅游副产品和废物能被减少或循环利用。

（三）制订旅游环境质量评价体系，明确量测指标

对旅游业发展的评估不应只注意经济指标，忽略对社会、文化、环境等方面的考虑。凤凰应研究制定一套全面、科学的旅游业可持续发展评价指标体系，综合考虑经济、社会、环境、文化等因素，建立环境质量监测和效应评估体系，并责成有关机构及时监测和评估，定期公布，及时分析，发布预警，以形成一种社会力量，全民、全方位地控制旅游污染。

（四）依法加强对城市环境保护的监管和综合整治力度

作为一个发展最快的新兴产业，旅游业的各项立法工作得到了政府部门和相关专家学者的关注。到现在为止，我国已出台了旅游法律法规 40 多部（还不包括各省、市、自治区颁布的一些地方旅游法规）。在旅游资源保护的立法方面，我国已制定了《文物保护法》《风景名胜区管理暂行条例》《自然保护区条例》《森林公园管理办法》等单项旅游资源保护法律法规，而且在《环境保护法》《森林法》《野生动物保护法》《水法》《野生植物保护条例》等法律法规中也有一部分相关规定。

凤凰有关政府部门应认真学习领会并贯彻执行这些旅游资源保护法律法规，并按照旅游可持续发展的思想，制定有关政策、法规或对现行的政策、法规进行重新评估和修订，并依法对旅游市场严格管理。要根据“谁污染，谁付费”的原则，对排放有害物质的部门和企业实施预防性和惩罚性管理。

要分期分批的进行环保政策法规培训，增强法制观念，依法办事，加大执法力度。要切实把旅游环境当成旅游业的生命和形象，从可持续发展的战略眼光，把发展旅游业的目标和立足点建立在保证当代和未来的旅游需要上，并以这种思想观念为指导，做好环境保护的各项具体工作。要防止以“人治”代替“法治”，否则再好的政策、法规和规划都会变成一纸空文。对于那些以次充好、强买强卖、坑骗游客等破坏凤凰历史文化名城形象的行为，要从严处理，绝不手软。

二、可持续发展的基础——旅游设施的完善

（一）建立旅游专项资金，改善交通状况

旅游交通是旅游业发展的四大支柱性产业之一，也是旅游目的地“进得去、散得开、出得来”的决定性因素。为了促进凤凰旅游资源的内联外合，形成大旅游、大环线、大市场的旅游发展格局，凤凰旅游交通应采取进入县境的外部交通带动县内交通、以旅游交通促进网络交通的发展思路，加大旅游基础设施交通状况的改善。要改善凤凰通往各乡镇等重点旅游项目目的地的公路等级，提高到二级水平。对于县区内的交通，应该完善县城路网系统，加快旅游基础设施特别是通往景区的道路建设，增强各景区（点）的可进入性。

（二）创新旅游融资机制，改善旅游接待与服务条件

凤凰现有星级饭店 11 家，旅游酒店、宾馆 400 余家，总床位 12 354 个，其中 50 个床位以上规模的宾馆、酒店（含星级酒店 11 家，床位 1628 个）共 50 家，床位 6 307 个，其他非星级旅游接待设施数量较多。但是所有旅游接待宾馆都属于中低档次，客房入住率差距较大，最高的达 80%，最低的仅有 20%；宾馆饭店配套设施普遍存在不齐全和设施老化、陈旧的问题。为解决这样的问题，可组织旅游行业协会进行监督和考核工作。

应通过创新旅游融资机制的形式提高凤凰旅游宾馆档次。把原有的三星级饭店兴建和改造成为四星级饭店或者五星级饭店，并使之与城市特点相协调，必要时可引进国际知名品牌的宾馆饭店的管理方法进行管理。对旧城区旅游景点周边高层建筑的饭店建设要进行严格控制，并逐步对其进行改造，使宾馆饭店无论从建筑特色上，还是从管理服务上，都能反映凤凰深厚的文化底蕴和风土人情，使饭店与凤凰的历史文化与建筑风格相协调。

改善宾馆饭店配套设施、设备，更新老化设备时，要严格控制宾馆标准，按全国统一服务标准进行经营管理。可以有计划地对房间进行改造，增添或更新娱乐、洗浴等设施设备。同时也可以在一些旅游区（点），尤其是在郊区，开设具有农家特色的农家旅馆、招待所以及度假别墅等。

（三）加快电力、电讯设施的建设

以电力（信）、有线广播为主的通信设施在旅游业发展中也具有举足轻重的作用，是旅游基础设施建设的一个主要方面。通信设施具有独立的网络结构体系，旅游通信设施的改善应建立在区域通信设施改善的基础上，但应给予充分考虑并优先安排建设，其发展规模要以客流量、旅游消费水平等的科学预测为基本依据。凤凰应加快发展宽带局域网络，促进实现双向多媒体信息互动传播，逐步实现电话网和有线电视网、数据通信网的一体化。改造主要传统旅游街区架空电缆电线设置，实施街道“明线”入地，避免线路杂乱，影响名城风貌。

国家级旅游景区景点，应该配置能与海外联系的现代化通信设施，实现旅游景区与国内外便捷通畅的通信联系，以满足旅游者需要。

（四）增添文化娱乐设施，丰富旅游内容

根据问卷调查的游客意见汇总，可以反映出凤凰目前文化娱乐休闲活动内容较单一，夜间活动场所比较缺乏，休闲活动项目档次低，相应设施不足，缺乏吸引力，减少了游客的消费额。

针对这种情况，可在公共场所开展一些大型文艺表演，在凤凰广场、从文广场这一人流量集中地带，开辟文化夜市；发挥凤凰本地的地方戏剧

和民间文艺活动特色优势，包装策划高水平的演出；对凤凰比较有特色的傩堂戏、阳戏、文茶灯等古戏曲进行包装和宣传，挖掘深层次文化的内涵，充分利用现有娱乐设施，同时注重对环境氛围的渲染。建设与旅游业相配套的大型旅游购物区和夜间娱乐区，改变目前旅游购物和夜间娱乐场所少的局面，一方面可以延缓游客在凤凰的停留时间，另一方面丰富了游客的旅游内容。

三、可持续发展的重要保障——旅游管理体制的改革

旅游的可持续开发和经营必须是在有效管理的基础上和健全的法制保障下进行的。历史与现实表明，环境与旅游发展不协调的许多问题是由于决策与管理不当造成的。旅游目的地的政府在宏观调控上基本上处于一种失衡状态；而微观上，不同的旅游企业又各自为政，恶性竞争，严重地妨碍了旅游业的健康发展。旅游管理体制改革的思路是应该以旅游持续发展理论为指导思想，在宏观上制订本地区的旅游发展规划，在法制上保证各项规划的落实，实现旅游企业制度现代化和旅游产品经营市场化，在获取经济效益的同时，也实现旅游的可持续发展。

（一）建立健全旅游规划协调管理体制，保证旅游行业的协调发展

在《凤凰历史文化名城保护规划》《湘西土家族苗族自治州凤凰历史文化名城保护条例》通过后，凤凰旅游发展规划和旅游景区景点应按照总体规划的基本思路进行运作。

对于跨地区的重点旅游线路和旅游区的规划，如凤凰和张家界、怀化的大湘西旅游带的开发以及贵州铜仁旅游线的开发，可由湖南省旅游主管部门进行组织和协调。

（二）加大旅游质量管理力度，为凤凰旅游业的发展营造良好氛围

旅游质量是通过旅游企业执行国家和地方相应法规来实现的，需要旅游管理部门会同有关部门共同营造。

政府应整顿和规范旅游市场，优化旅游大环境，全面提高旅游行业的管理和服务水平，采取积极措施整治社会治安、交通、县容县貌环境，抓好县容环境卫生、占道和店外经营、车辆乱停乱放等专项治理。制订具有旅游城市风貌、文化内涵丰富、时代气息浓厚、特色鲜明的旅游宣传广告牌和商业宣传广告牌。对目前已存在的超高、超大、超宽、画面粗俗的广告应全面清理、限期拆除。

（三）积极推进行业和企业体制改革，实现所有权与经营权的分离

加快旅游行业的体制改革和企业的重组，不断促使企业改革、服务水平的提高，增强凤凰旅游企业在湖南省乃至全国范围内的竞争力。

推动大中型国有企业的改革重组，在旅游行业中积极推行现代企业管理制度，并鼓励外来的优秀旅游企业，通过合资合作的股份或兼并等方式，参与组建综合性旅游集团、旅行社集团、旅游饭店管理公司等专业化集团，发挥管理优势和品牌优势，增强区域竞争力，逐步实现区域性的网络化规模经营。

为了提高凤凰旅游企业的市场竞争活力，应进一步加大改革开放力度。在强化政府政策引导功能的同时，抓好企业改组改革的试点示范工作，使旅游企业尽快走上市场化、企业化、集团化之路，构筑旅游大产业格局。

（四）构筑数字旅游信息化平台，促进凤凰旅游业的快速发展

电子信息技术介入旅游业，是促进旅游产业更快发展的机遇。目前，数字管理技术正在各地展开，凤凰有条件利用这一技术构筑自身的数字旅游平

台，进行旅游管理的全面创新。旅游企业应该通过网络开展营销，进一步丰富营销手段，扩大营销覆盖面，以利于创造旅游经济新的增长点。

凤凰数字旅游实施内容包括以下内容：构筑高效、稳定、安全的旅游信息平台，加快建设“两网站一中心”，即旅游政务网、旅游商务网和旅游呼叫中心，形成地区、市县、景点的三级旅游信息网络体系；大力发展旅游电子商务，加快综合旅游数据库建设；应用计算机、信息、3S 技术等先进技术，实现旅游管理现代化；鼓励旅游服务领域积极应用信息技术，包括电子可视和导游系统、电子票务管理系统等。

凤凰旅游信息化平台构筑的具体项目包括：旅游管理网络的建设（推进各级旅游行政管理部门的内部办公网络化，推进旅游企业业务管理电子化，建设旅游局电子认证管理与服务的网络系统）；旅游公众网络建设（进一步完善凤凰政府的旅游信息网，发展旅游电子商务，积极呼应国家“金旅”工程的建设，开展无线服务，逐步提供基于 WAP 的接入服务，积极进行旅游数据库的开发）。

四、可持续发展的必要条件——旅游人才的培养

根据凤凰旅游发展总体规划的统计数据，凤凰旅游从业人员整体文化素质不高，本科、大专学历仅占 20%，缺乏高素质管理人才。从从业人员总体构成来看，从事旅游研究和开发的工程技术人员比较欠缺，大多数旅游企业没有这方面的人才储备。目前旅游企业中的人才使用有以下几方面的缺陷：缺乏市场开发和市场策划方面的人才；行业培训仅限于管理人员培训和导游员培训；旅游业从业人员培训，尤其是服务行业和旅游手工艺品行业的培训不具规模。要改变这种状况，需要采取以下措施：

（一）高薪聘请、吸引优秀人才的加盟

旅游人才是旅游发展的宝贵财富，只有人才才能把资源优势转化为经济优势。随着凤凰旅游业的快速发展，今后相当长时间内其旅游业仍将以较快

的速度增长。为适应这种发展，近期凤凰旅游人才补充以吸引外部人才为主，以自己培养为辅，因为人才的培养有一个时间过程，尤其是高素质人才、高级人才的培养。此外，可建立“旅游人才引进基金”，不惜重金聘用旅游人才，用优厚待遇吸引旅游专业人员到凤凰从事旅游工作；加大人事制度改革力度，完善优秀人才收入分配制度，建立公开、公平、公正的竞争机制，创造促使各类优秀旅游人才脱颖而出的良好社会环境；对吸引到的旅游人才要用事业留人、待遇留人、感情留人等方式加以稳定。

（二）科教兴旅，提高从业人员的素质

重视科学技术的推广应用，切实将“科技兴旅”战略贯彻到凤凰旅游发展的各个层面上。加大旅游科技投入力度，广泛与国内外有关科技单位合作，争取使旅游科技化水平有较大的提高，使科学技术真正成为促进凤凰旅游可持续发展的主要手段。要有重点地推广一批成熟的先进技术，包括提高旅游行业管理水平的电子信息技术、旅游环境整治技术、文物古迹的保护与修复技术等。提高旅游产品的科技含量，利用科学技术延伸传统旅游产品的深度开发。

科教兴旅也是努力提高旅游从业人员素质的根本。目前凤凰需要的是旅游管理、市场营销与策划、导游、旅游商品开发、旅游教育等方面的人才。从长远来考虑，为保证凤凰旅游业的可持续发展，必须培养熟悉本地情况的本土旅游人才。而凤凰现在存在的一个很重要的问题是，很多年轻人向往外面的世界，觉得外面的世界很精彩，他们大都选择外出发展，这就使得凤凰文化的传承受到了阻碍。结合凤凰现阶段的具体情况，先要做好旅游师资的培养。为此，应加强与省内外著名院校旅游专业的密切配合，或选派优秀旅游从业人员前往高校学习专业知识，或直接吸收旅游专业的优秀毕业生，或招聘高校富有行业经验的旅游教师，或与其他著名旅游培训机构进行师资交流，或聘请旅游专家、官员授课。实施持证上岗制度，对旅游主管部门的干部、各级行政部门的领导、旅游企业的职员进行综合或专门的业务培训，以适应国际旅游客源市场的开发。

五、可持续发展的有效手段——旅游形象的推广

城市旅游形象（City Tourism Identity System，缩写为CTI），是城市形象的重要组成部分，是以一定商业化手法表现的城市形象，是整合城市旅游资源、形成城市旅游业核心竞争力的重要影响因素。CTI的结构包含城市旅游形象理念识别系统、城市旅游形象行为识别系统和城市旅游形象视觉识别系统，它们共同反映城市的个性特色，主要目的是形成城市旅游的识别和宣传。由于每个城市的深层文化内涵、城市景观、城市人文风俗、自然景观等都不尽相同，因此，城市旅游形象必定具有独特性，而这种独特性正是经营城市的资本，是成功打造城市品牌的立足点。

凤凰旅游形象的推广直接影响凤凰旅游业的未来发展前景。根据凤凰旅游形象的主要传播渠道，可采取以下措施，着力打造凤凰的品牌形象。

（一）设计具有凤凰县域特色的旅游形象标志物并予以展示

旅游形象的标志物是城市旅游形象具体化、视觉化的传达形式。它与社会公众的联系最为密切，影响面也最广。可聘请专家设计具有凤凰特色的旅游城市标徽和标准色，将旅游理念充分的表达出来，并且是易与让人接受的静态识别符号。采用统一的和持久的形象标志物，并通过各种传播媒体进行传播，会在各界公众中造成一种持久的、深刻的视觉效果，使社会公众能一目了然地掌握标志物所传达的信息，达到形象推广的目的。

统一的形象标志物可在县属主要城镇的核心区域（交通枢纽、街市、广场）、旅游区（点）、旅游接待地点（宾馆、旅行社）予以设置，使其具有最大的信息扩散可能性，使游客一眼即可辨认名城凤凰的特征。

（二）统一规划，统一宣传，真正发挥凤凰旅游形象的作用

凤凰的旅游开发形象定位为“天下凤凰”。在今后的城市形象宣传中，

要统一制作对外旅游宣传品，宣传品要显示凤凰旅游形象口号、旅游景区景点的介绍、旅游要素信息，进行统一规划和统一宣传，充分发挥城市旅游形象的作用。比如，可进行统一的综合性展览，统一在“天下凤凰”的名下展览，而不是以凤凰古城、南方长城、南华山国家森林公园等景点景区的名义单独进行，提高整体影响力。也可采用统一的媒体广告，使用天下凤凰旅游形象的标志和标志物进行统一宣传，突出凤凰历史文化、名人文化、军事文化、民族民俗文化这些特色资源的优势。

（三）针对不同细分市场，采取不同的宣传手段

在核心目标客源市场（湖南、广东、上海、重庆等省份）的主要城市（如湖南省的长沙市、益阳市、湘潭市、张家界市等）的中心区域和旅游地（如长沙的岳麓书院、湘潭的毛泽东故居、韶山景区、张家界的张家界国家森林公园等）协商利用各种媒体和户外广告进行营销宣传、举办旅游展览会。在基本客源目标市场（如山西、河北、甘肃、吉林、四川、新疆、内蒙古等省市）利用主流媒体进行宣传。在机会客源目标市场（除核心目标客源市场和基本客源目标市场以外的省市）开展间断性的人员促销活动（如专题考察、旅行社交流等）。

（四）适度采用设计抽象人文吸引物等转化方式

凤凰的旅游资源无形多有形少，原本是一种遗憾，但任何事物都有其两面性，充分发挥其丰富的优势，寻找契机，选择适度的形式，也可以使无形向有形转化，使历史与现实相得益彰。如将抽象人文吸引物附着于具体的历史遗产景观或现代人文景观之上展现给公众；资助城市历史的学术性、专题性研究，并将研究成果针对不同阶层、不同背景的人群以不同形式公开发表，为无形历史文化资源寻找文字载体。这些都是旅游城市对外形象宣传的一部分，也是培养旅游市场，增加城市知名度的必要步骤。

参考文献

[1] 崔凤军．旅游宣传促销绩效评估方法与案例 [M]．北京：中国旅游出版社，2006．

[2] 邓辉．神农架区域的旅游整合发展 [J]．统计与决策，2004（12）：133 ～ 134．

[3] 邓永进．民族旅游研究 [M]．天津：南开大学出版社，2009．

[4] 范保宁．凤凰古城旅游开发思路 [J]．湖南商学院学报（双月刊），2004，11（1）：58 ～ 60．

[5] 冯珊．中韩历史文化名城旅游资源保护与开发比较研究 [D]．成都：四川师范大学，2009．

[6] 高娜．山东运河文化的旅游开发研究 [D]．山东大学，2002．

[7] 何佳梅，王德刚．山东省文化资源旅游开发研究 [M]．济南：齐鲁书社，2004．

[8] 贾鸿雁．中国历史文化名城通论 [M]．南京：东南大学出版社，2007．

[9]（加）麦克切尔，（澳）克罗斯著，朱路平译．Cultural Tourism：The Partnership between Tourism and Cultural Heritage Management，文化旅游与文化遗产管理 [M]．天津：南开大学出版社，2006．

[10] 建设部城乡规划司，国家文物局编．中国国家历史文化名城 [M]．北京：中国青年出版社，2002．

[11] 李蕾蕾．旅游地形象策划：理论与实务 [M]．广州：广东旅游出版社，1999．

[12] 李玲．文化旅游产品开发的冷思考 [J]．社会科学家，2010（4）：97 ～ 99．

[13] 梁军．历史文化名城武威文化旅游资源开发研究 [D]．兰州：西北师范大学，2007．

[14] 刘畅．湘西凤凰 [D]．北京：北京林业大学，2006．

[15] 刘锋．中国西部旅游发展战略研究 [M]．北京：中国旅游出版社，2001．

[16] 刘浩龙．历史文化名城的旅游可持续发展研究——以江西景德镇为例 [D]．南京大学，2001．

[17] 刘建平，阎友兵．湖南旅游资源开发研究 [M]．长沙：湖南省地图出版社，2000．

[18] 刘艳芳,刘於清．湘西州民族文化旅游及可持续发展的相关探讨 [J]．2008，4（2）：6 ～ 11．

[19] 卢小琴．历史文化名城开发研究 [D]．长沙：中南林学院，2005．

[20] 旅游资源分类、调查与评价（GB/T 18972—2003）[S]．北京：中国标准出版社，2003．

[21] 马博琴．历史文化名城旅游资源开发研究 [D]．南昌：南昌大学，2008．

[22] 马林，孙丽坤．民族地区旅游业发展论 [M]．北京：民族出版社，2007．

[23] 彭文喜，孙虎．凤凰历史文化名城文化旅游发展研究 [D]．西安：陕西师范大学，2011．

[24] 平文艺．四川文化旅游发展理论与实证研究 [M]．成都：巴蜀书社，2007．

[25] 齐兰兰．东北地区历史文化名城文化旅游发展研究 [D]．长春：东北师范大学，2006．

[26] 秦光荣．依托云南优势资源大力发展健康旅游 [J]．云南政报，2005（8）：44 ～ 48．

[27] 阮仪三，王景慧，王林．历史文化名城保护理论与规划 [M]．上海：上海同济大学出版社，1999．

[28] 阮仪三．中国历史文化名城保护规划 [M]．上海：上海同济大学出版社，1995．

[29] 宋云飞．历史文化名城开封旅游可持续发展研究 [D]．桂林：广西师范大学，2006．

[30] 唐顺英．长春都市旅游发展研究 [D]．东北师范大学，2002．

[31] 王迪云. 湘西凤凰旅游开发战略探讨 [J]. 经济地理, 2001, 21（2）: 244～248.

[32] 王立安. 人文景观富集地区的旅游文化业发展研究——以甘肃天水市为例 [D]. 西北师范大学, 2004.

[33] 王希鹏等. 齐文化旅游资源发展框架重组方式研究 [J]. 管子学刊, 2004（3）: 65～71.

[34] 王亚力. 论民族交界地区文化旅游资源的特点、形成及开发 [J]. 经济地理, 2002, 22（4）: 492～496.

[35] 王亚力. 南方长城与“长城文化之旅”的开发 [J]. 旅游学刊, 2003, 18（3）: 53～57.

[36] 王亚力. 南方长城与凤凰民族文化旅游资源的形成与开发研究 [D]. 长沙: 湖南师范大学, 2003.

[37] 王兆峰, 吴必虎. 凤凰旅游产业的可持续发展战略 [J]. 吉首大学学报（自然科学版）, 2001, 22（2）.

[38] 王兆峰. 凤凰县旅游资源开发及营销策略 [J]. 湘潭师范学院学报（自然科学版）, 2001, 23（3）: 106～109.

[39] 王兆峰. 湘西凤凰县民族文化旅游创意产业发展研究 [J]. 中央民族大学学报（哲学社会科学版）, 2010, 37（189）: 21～29.

[40] 魏峰群. 历史文化名城开发研究 [D]. 西安: 西北大学, 2005.

[41] 文绍琼. 大理历史文化名城旅游发展优化研究 [D]. 成都: 四川师范大学, 2006.

[42] 文伟. 历史文化名城长沙保护与旅游开发研究 [D]. 湘潭: 湘潭大学, 2005.

[43] 吴必虎, 余青. 中国民族文化旅游开发研究综述 [J]. 民族研究, 2000（4）: 85～94.

[44] 吴章文, 吴楚才. 湖南旅游资源开发利用研究 [M]. 长沙: 湖南省地图出版社, 2002.

[45] 吴章文, 吴楚材. 湖南旅游资源研究 [M]. 长沙: 湖南科学技术出版社, 2003.

[46] 湘西自治州地方志编纂委员会编. 湘西州志 [M]. 长沙: 湖南人民出版社, 1999 : 12.

[47] 谢国来. 湘西凤凰县生态旅游资源的开发与保护 [J]. 中南林业调查规划，2003，22（1）：40 ~ 41.

[48] 许春华. 武威市文化旅游开发与思考 [J]. 浙江旅游职业学院学报，2009，5（4）：24 ~ 28.

[49] 姚玲玲，郭建平，吴甫成. 湘西凤凰县旅游资源深度开发研究 [J]. 湖南师范大学自然科学学报，2006，29（1）：100 ~ 104.

[50] 姚玲玲，吴晓，管益敏等. 湘西凤凰县沱江流域治理与旅游资源开发研究 [J]. 安徽农业科学，2008，36（27）：11916 ~ 11918.

[51] 于德珍. 湘西民俗文化旅游开发的研究 [D]. 中南林学院，2002.

[52] 俞燎远. 浙江省十大名茶产业现状与发展思路 [J]. 茶叶，2004，30（4）：195 ~ 196.

[53] 张河清. 区域民族旅游开发导论 [M]. 北京：中国旅游出版社，2005.

[54] 张俊. 河南历史文化名城旅游发展优化研究 [D]. 武汉：华中师范大学，2008.

[55] 张群. 凤凰古城的保护开发思路 [J]. 安徽农业科学,2008,36(12)：5144 ~ 5146.

[56] 张顺畅，王亚力. 湖南凤凰旅游资源的区位分析及开发对策 [J]. 湖南科技大学学报（社会科学版），2006，9（1）：75 ~ 78.

[57] 章尚正. 跨市域旅游开发的必然趋势与联动机制——以安徽省“两山一湖”旅游区为例 [J]. 安徽大学学报（哲学社会科学版），2004，28（2）：82 ~ 84.

[58] 郑向敏. 文物古迹的保护与旅游开发 [M]. 北京：旅游教育出版社，2007.

[59] 周新生. 云南历史文化名城文化旅游发展研究——以建水为例 [D]. 昆明：云南师范大学，2000.

[60] Ap，John（1999）. Arts/cultural tourism. Position paper prepared for the Arts/Cultural Tourism Working Group. Hong Kong Tourist Association and Hong Kong Arts Development Council，Hong Kong Polytechnic University，16pp.

[61] Bachleitner，Reinhard and Zins，Andreas H.（1999）. Cultural

tourism in rural communities : The resident's perspective. Journal of Business Research 44 (3): 199 ~ 209.

[62] Blackwell, C. (1997). Tourism and cultural tourism : Some basic facts. Preservation Issues 7 (3), available at <http//www. umsl. edu/services/library/blackstudies/culttour. htm> (retrieved June 6, 2000).

[63] Hannabuss, Stuart (1999). Postmodernism and the heritage experience. Library Management 20 (5): 295 ~ 302.

[64] McIntosh, RobertW. and Goeldner, Charles R. (1990). Tourism principles, practices, philosophies, Sixth edition. John Wiley and Son, New York.

[65] Richards, Greg (1996b). Production anticonsumption of European cultural tourism. Annals of Tourism Research 23 (2): 261 ~ 283.

[66] Richards, Greg (1996c). The scope and significance of cultural tourism. In Richards. G. (Ed.), Cultural tourism in Europe (pp. 19 ~ 46). CAB International, Oxon, UK.

[67] Schweitzer, Carol (1999). The hot ticket to cool meetings. Association Management 51 (8): 121 ~ 130.

[68] WTO (1985). The states' role in protecting and promoting culture as a factor in tourism development and the proper use and exploitation of the natioanl cultural heritage of sites and monuments for tourists. World Tourism Organization, Madrid.

[69] Zeppel, Heather and Hall, C. Michael (1991). Selling art and history : Cultural heritage and tourism. Journal of Tourism Studies 2 (1): 29 ~ 45.

[70] Zeppel, Heather (1992). Cultural tourism in Australia : A growing travel trend. Material Culture Unit/Department of Tourism, James Cook Universily, Townsville, Australia.